Perfil del Psicópata Narcisista Integrado

Ángeles Favela

Perfil del Psicópata Narcisista Integrado

¿Tu pareja es un narciso?

URANO

Argentina – Chile – Colombia – España
Estados Unidos – México – Perú – Uruguay

1.ª edición: febrero 2023

Copyright © 2023 *by* Ángeles Favela
All Rights Reserved
(c)2023 by Ediciones Urano SAU
Plaza de los Reyes Magos, 8, piso 1 -Cy D, 28007, Madrid.
© 2023 *by* Ediciones Urano México, S.A. de C.V.
Ave. Insurgentes Sur 1722, 3er piso. Col. Florida
Ciudad de México, 01030. México
www.edicionesuranomexico.com

ISBN: 978-607-748-631-2

Impreso por: Impresora Tauro, S.A. de C.V.
Av. Año de Juárez 343. Col. Granjas San Antonio,
Iztapalapa, Ciudad de México, 09070.

Impreso en México - *Printed in Mexico*

Para quienes habiendo experimentado la oscuridad más profunda han hecho lo necesario para salir de la burbuja luminosos, su ejemplo, nos ha salvado a muchos.

El infierno de los vivos no es algo por venir; hay uno, el que ya existe aquí, el infierno que habitamos todos los días, que formamos estando juntos. Hay dos maneras de no sufrirlo. La primera es fácil para muchos: aceptar el infierno y volverse parte de él hasta el punto de dejar de verlo. La segunda es arriesgada y exige atención y aprendizaje continuos: buscar y saber reconocer quién y qué, en medio del infierno, no es infierno, y hacer que dure, y dejarle espacio».

ÍTALO CALVINO
Las ciudades invisibles (1972)

Índice

FASE IV
Disonancia cognitiva

FASE V
Depredación

FASE VI
Descarte

Antes de comenzar...

La vida no es un infierno, pero puede serlo. Es necesario remarcar que en este mar nadie está a salvo, por eso la importancia de difundir acerca de este tema. Cualquier persona sin deberla ni temerla, es sensible para caer en las artimañas de un *psicópata narcisista integrado (PNI)*. Todos somos susceptibles, ya que su *modus operandi* se adapta a cada una de sus posibles víctimas.

A partir de ahora es necesario que se hable claro de un tema que había quedado rezagado en los libros de psicología. La condición de PNI, que millones de personas en el mundo, —hombres y mujeres— presentan, ha hecho ya mucho daño. La divulgación puede detener el proceso de depredación que a su paso va dejando estelas de dolor que se van multiplicando.

Para poder protegernos y poder ayudar a otros, lo único que nos queda es estar preparados con conocimientos básicos sobre lo que conforma a un PNI.

[Según la más reciente Encuesta Nacional sobre la Dinámica de las Relaciones en los Hogares (ENDIREH) del Instituto Nacional de Estadística y Geografía (INEGI). En México, 66% de las mujeres (de 15 años y más) ha sufrido al menos un incidente de violencia emocional, económica, física, sexual o discriminación a lo largo de su vida. De ese porcentaje, 49% ha sufrido específicamente violencia

emocional, la cual incluye insultos, amenazas, humillaciones y otras ofensas de tipo psicológico. Con rara unanimidad, historiadores, filósofos, sociólogos y analistas sociales en general, coinciden en afirmar que podemos estar viviendo el momento de apogeo del narcisismo como tema central de la cultura (Mazlish, 1982; Valadez & Clignet, 1987; Ronningstam, 2005, Rojas, 2007). Diversos autores han observado que el mundo podía estar viviendo la generación del narciso (Malcolm, 1971), la era del narcisismo (Fine, 1986), o la cultura del yo (Béjar, 1993). El narcisismo se presenta como la enfermedad de nuestro tiempo (Lowen, 2000). En esta perspectiva, destaca la obra de Lasch, La cultura del narcisismo (Lasch, 1979). Según él, cada época desarrolla su propia forma particular de patología y así, la cultura y personalidad narcisista caracterizarían a nuestro tiempo como la represión a la época de Freud. (Trechera, Millán, Fernández, 2008)]

Las estadísticas de otros países arrojan datos similares, por lo que estamos ante una problemática mundial.

A lo largo de su vida, un PNI infligirá daño emocional directo por lo menos a 60 personas a su alrededor. La cifra resulta escalofriante, sobre todo al tomar consciencia de que un PNI desempeña numerosos roles: puede ser jefe, socio, vecino, empresario, artista, hermano, abuelo, padre, hijo, amigo, esposo, novio… la lista es larga. Sin importar hacia dónde mires, tus ojos podrían toparse ahora mismo con alguno de ellos, la probabilidad es alta.

En este libro nos dedicaremos a mostrar, sobre todo, la cara del PNI en su nominación de pareja, sin duda, uno de los roles más dañinos por la cercanía tanto emocional como física con sus víctimas. Una relación de pareja en la que uno de los integrantes presenta la condición de PNI, poco a poco, se irá convirtiendo en una caja de brutalidad narcisista para la otra parte, esto es, un verdadero espacio de tortura emocional.

En una pareja, en la que el respeto y el amor profundo son acuerdos comprometidos, la sana vulnerabilidad representa el rostro del valor más alto en la condición humana. Amar a otro y ser correspondido es un regalo que se trabaja en equipo de dos. Sin embargo, cuando el estado de pareja es transgredido a sangre fría desde el interior por un PNI, sucede lo inevitable, la vulnerabilidad y el estado de apego serán los caminos para que, en nombre del amor, la víctima quede hecha pedazos sin entender cabalmente lo que está sucediendo.

Un PNI puede, en proceso de depredación hacia su pareja, dirigirla poco a poco hacia la muerte, e incluso, con sadismo, quedarse parado mirando cómo en su víctima se extinguen la alegría, las ganas de vivir, el deseo de hacer, crear y amar. Un PNI puede hundir a su pareja en un abismo de tristeza imperceptible. El grado de perversidad es tal que, durante años, con paciencia, permanecerá merodeando cada escena, cual si viera una producción artística en la pantalla grande donde observa cómo va degradando a sus víctimas.

El PNI requiere de ese combustible que lo mantiene vivo: saberse a cargo del proceso de implantar dolor en los demás.

Para una persona empática esto es algo casi imposible de entender. Por amor, intentará ayudar al PNI, pero eso la llevará a caer en un pantano e irá adentrándose a un espacio vacío, a un lugar carente de nombre. Y todo sucederá a pasos microscópicos, sin que nadie a su alrededor se percate de lo que la víctima está viviendo. Esto es el rostro maligno del ciclo narcisista: la poca o nula ayuda del exterior para las víctimas. De modo que, aisladas, se ubican en el centro exacto de un tiro al blanco disponible para su depredador.

Todos somos susceptibles, ya que el modus operandi se adapta a cada posible víctima. Cualquier persona puede caer ante las artimañas de un psicópata narcisista integrado **(PNI)**.

La advertencia proviene del canadiense Robert Hare, uno de los más reconocidos psicólogos clínicos que ha dedicado gran parte de su vida al estudio de esa condición patológica que presenta un porcentaje cada vez más alto de la población mundial.

Introducción

¿Qué probabilidad existe de que frente a tus ojos se cruce un elefante rosa?

Así avanza por la vida un PNI, envuelto en un supuesto brillo con apariencia del poco probable elefante rosa. Avanza y va dejando huellas profundas, acaparando la atención que le brindan quienes lo admiran, invadiendo el espacio, adueñándose de los objetos o seres vivos que le causen algún interés momentáneo y derribando como una mole todo lo que estorbe a su paso.

Pareciera que un PNI avanza por la vida derrochando afecto a manos llenas. Un psicópata narcisista integrado sabe disfrazarse de ternura y cordialidad, no importa frente a quién.

Si eres de las que sueña con el amor casi perfecto, en algún momento, si un PNI te toma desprevenida, *decidirás*, cuando creas que lo has encontrado, dar tu vida entera por caminar a su lado.

¿Decidir? Sería vano decirlo ya que, sin darte cuenta, él habrá decidido antes que tú. Sin saberlo habrás estado previamente en su mira, durante años, meses, días, horas o, en el peor de los casos, a sangre fría, porque al PNI le habrán bastado unos cuantos minutos para decidir que tú te convertirías en su nueva víctima. Sabe elegir bien. Un depredador que pone sus ojos en una posible presa, difícilmente falla. En el caso de un psicópata narcisista integrado, su manera de acercarse a ti será tal que no podrás percibir peligro alguno, su capacidad mimética es escalofriante.

Por eso, *saber*, te pone a salvo.

Después de haber sufrido una de las etapas más insólitas y terribles de mi vida, lo que entre muchas otras cosas me ayudó a sanar, fue la idea rondando en mi cabeza de escribir este libro.

Cuando la intención se convirtió en acción y comencé a esbozar el contenido, una de las palabras que más ruido hacía en mi interior era la de *víctima*. Un sustantivo y a la vez adjetivo, que por alguna razón —que luego llegué a entender en mi proceso de psicoterapia— ejerció una resonancia especial conmigo. Nunca me gustó. Escucharla me debilitaba. Por lo que durante algún tiempo, decididamente, la borré de mi vocabulario. Yo no era una víctima ni deseaba actuar como tal, me repetía. Luego me di cuenta de que inconscientemente, a esa palabra, la había reprimido desde hacía mucho tiempo. Así crecí y cada etapa de mi vida, hasta ese momento de revelación mental, la transité con un estoicismo equivocado.

Después de haber estado inmersa en la experiencia psicopática, me di cuenta de que las creencias que vamos introyectando a lo largo de la vida y que no cuestionamos, llegan a adquirir una fuerza que atrapa y coarta nuestra libertad psíquica. Incluso —o sobre todo— en momentos extremos como lo es tener una pareja PNI.

En una relación psicopática las cosas comienzan muy distinto a la manera en que todo termina. En mi caso fue así.

Cuando el velo cayó pude ver con nitidez la relación en la que estaba sumergida. En determinado momento mis ojos fueron capaces de mirar de frente a un PNI que llevaba un montón de máscaras encima, y fue entonces que la palabra *víctima* tomó un sentido distinto para mí. Uno es víctima de lo que no sabe, de lo que no conoce, y deja de serlo cuando integra, cuando abraza el conocimiento y es capaz de reconocer abiertamente la circunstancia en la que se encuentra.

Abrir los ojos ante lo que estaba viviendo ha sido una de las experiencias más difíciles que he tenido que atravesar. El dolor era inmenso, de los que bien a bien uno no alcanza a comprender, pero que no desearías que nadie a tu alrededor sufriera. Así comencé este libro, con la certeza de que lo escribía para víctimas que estaban listas para dejar de serlo. Para hombres y mujeres que no sabían, o comprendían poco, lo que estaban viviendo y que, por ningún motivo, la carencia de información debía hacerles merecedores eternos de una situación que lastima, vulnera e incluso puede llegar a matar.

En el momento en que hablamos de un terremoto es natural, lógico y comprensible hacer mención de las víctimas, y lo mismo sucede cuando se trata de alguien que ha sufrido un atraco, robo, violación, rapto, accidente, etcétera. De igual manera, una víctima surge en medio de una acción fraudulenta como la que llevan a cabo los PNI. Una persona que tiene o ha tenido una relación de pareja con un psicópata narcisista integrado, en mayor o menor medida ha sido víctima de una estafa emocional.

La palabra víctima aparecerá muchas veces a lo largo de estas páginas, la escucharás hasta el cansancio, acéptala por un momento y llora todo lo necesario, estoy segura de que al cabo de un tiempo, de un día para otro, amanecerás con un brillo nuevo en los ojos. Llegará el momento en que te embargará la certeza de que has dado un salto sabiéndote ahora fuera del alcance de cualquier psicópata narcisista integrado, sin importar que hasta ese momento los hayas podido conocer uno tras otro o, incluso, que desde tu historia familiar inicial hayas ido acumulando en ti las huellas que, proviniendo de los PNI, parecen imborrables.

Aprender de lo que pasó es el mayor valor del pasado. Ya no serás víctima. En el acceso al conocimiento y en el aprendizaje se encuentran las herramientas para no repetir. Integrar todo lo que puedes aprender ahora que sabes con nombre y apellido la denominación de la persona que hasta hace poco habrá sido tu pareja, te brindará la seguridad de saberte fuera del ciclo. Resulta confortante saber que existen muchas personas apoyándonos hoy, es sorprendente el camino que la ciencia y la investigación ha recorrido en torno a un tema tan antiguo que sería difícil identificar cuándo fue que surgieron los primeros PNI. Los caminos son en pro de las víctimas, la información abierta debe estar al alcance de todos, y saber, es el mejor antídoto.

Aquella mañana cuando un par de ojos claros decidieron, con premeditación, hipnotizarme, yo no sabía del umbral que me abría las puertas a un infierno. Imposible verlo, todo era rosa.

En apariencia él era un hombre poseedor de todas las cualidades que yo siempre había soñado.

Una suave bruma cubrió el espacio, apoderándose de cualquier imagen y sonido exterior, fue como entrar caminando en un estado de hipnosis.

Hoy sé que estuve frente a un espejo y él, cual mago con su experimentada varita mágica, fue agregando a su nuevo disfraz, uno a uno, la lista completa de todos mis deseos. Le gustaba la música; viajar, recorrer el mundo, conocer lugares lejanos; tomar café por las mañanas; hablar distintos idiomas; caminar durante horas dentro de un museo; paladear manjares y hasta bailar con una copa de vino entre las manos; admiraba la belleza de las cosas simples; adoraba los libros y leer, a veces, en voz alta, otras, en silencio absoluto; estar en contacto con la naturaleza; contemplar las madrugadas, regalar confidencias a la luna, crear historias de la nada... el PNI posó frente a mí como un pedazo de dios en la tierra.

En aquel momento, nunca me pregunté cómo pudo identificar todo lo que yo apreciaba, las cosas que me quitaban el sueño. No me percaté de lo absurdo e increíble que resulta el hecho de que, como por arte de magia, aparezca alguien con todo lo que exactamente tú valoras, eres o anhelas. Solo recuerdo que sus primeros acercamientos lo hacían ver atento e interesado en conocer detalles de mi existencia, pero no noté la doble intención de sus preguntas, que él disfrazaba, incluso, con un toque de timidez.

Un PNI sabe de la importancia que tiene el modo y la velocidad en sus maniobras. La percepción del ojo humano depende de muchos movimientos internos del cerebro y cuerpo, por lo que, en un proceso de sugestión maquinada, el manipulador sabe que en nuestro interior hay hilos que se mueven paulatinamente hasta llegar al entorno de las emociones. En el trato directo con un PNI, las cosas suceden, una tras otra, como salidas del sombrero de un buen mago.

Así que, en medio de una estrategia de seducción, el PNI logró apagar en mí cualquier señal de alarma, hablé y hablé como nunca antes lo había hecho con nadie más. Gota a gota, lo supo casi todo. Y sin el menor escrúpulo, a la velocidad de un rayo, se fue metiendo en una vida que antes era mía. Perdí la noción del tiempo y, en el tiempo, la conciencia de la realidad.

Ese hombre que a mis ojos parecía perfecto, no lo era, —me dijo...—, porque a ese hombre, —agregó—, le faltaba algo: yo.

Por supuesto, le hacía falta *alguien más* que creyera en toda la farsa, alguien que, primero por admiración y luego por amor, no desconfiara ni una pizca y pasara de largo ante cada una de las banderas rojas que existen al inicio de una relación psicopática.

Nunca escuché el término psicópata narcisista integrado. Y pasaron años desde aquel inicio hasta que, por casualidad cibernética, tuve conocimiento por vez primera del tema.

Cuando lo conocí a él, mi existencia transitaba por un mar de turbulencia, vivía un matrimonio a la baja, el año en curso era aquel cuando la economía y la inseguridad asfixiaba indescriptiblemente a mi país, era madre mientras intentaba trabajar, trabajaba mientras intentaba ser madre, era una niña cuando debía ser adulta, y me había convertido en adulta sin haber sido por completo una niña. Quizá un caudal extenso a lo largo del camino recorrido desde la infancia me había marcado la huella del dolor que a mis ojos era invisible.

Sin embargo, un PNI es capaz de detectar las heridas profundas o sutiles que casi todos llevamos a cuestas. Esa zona de heridas no resueltas, que debiera ser responsabilidad solo nuestra y que no debiéramos desestimar, resulta un oasis para un PNI. Por eso repito y lo haré cuantas veces sea necesario: *saber nos protege*. Desconocer lo básico puede convertir la vida en un circo lleno de víctimas y victimarios, un espacio de depredadores y depredados.

Hoy sé que aquel mar turbulento y todo aquello que vivía justo al momento en que lo conocí, era nada comparado con lo que me esperaba. Me topé con un psicópata narcisista integrado con muchos años de experiencia a cuestas.

Hay quienes son capaces de oler la vulnerabilidad, en el caso de los PNI no hay excepción en poseer esa capacidad exacerbada, incluso, hasta podría decirse que poseen ojos al estilo reptiliano que periféricamente acechan y vislumbran a lo lejos, sin que nadie los observe.

Encima de todo, yo era lo que se dice una persona de corte optimista, —lo sigo siendo ahora, pero desde una perspectiva diferente. Antes vestía a diario la ilusión de que lo mejor estaba a la vuelta de la esquina. Hoy pongo especial atención al presente, al cómo son las cosas ahora mismo, esto me ha brindado poco a poco la seguridad que se requiere en todos los ámbitos para dar cada paso.

La empatía es una de mis cualidades, y ofrecer la mano a quien lo necesita, no me cuesta un ápice de esfuerzo. ¿Defectos…?, una lista enorme sin duda, incluido uno que en ese tiempo aún no conocía: en psicología lo llaman *indefensión aprendida*.

Todos la hemos experimentado en algún punto: a través del acatamiento de reglas carentes de lógica, en modelos de educación restrictivos, en un entorno familiar que coarta el pensamiento individual y crítico, en fin, durante la etapa de formación es muy probable que suceda. En mi caso, mi madre, por diversas circunstancias, literalmente me enseñó muy bien a cerrar los ojos, recuerdo cuando a mis hermanos y a mí nos impedía ver lo —para ella— «malo» de la vida, un choque y *cierren los ojos*, un policía y *cierren los ojos*, una persona atropellada y *cierren los ojos*, una pelea campal con mi padre y *cierren los ojos*, una difícil situación familiar y *cierren los ojos*… Ella tendía a minimizar las cosas simplemente evadiendo. Ante una bomba explosiva ella pretendía que nada pasaba. Parece broma, pero esa frase la escuché muchas, muchas veces. En el discurso de mi entorno familiar las cosas no eran llamadas por su nombre, el conflicto se cubría, minutos después, con el aroma de un pastel de chocolate, así que la disonancia, distorsión y evasión de la realidad, mirando o intentando vislumbrar únicamente el lado bueno de las cosas, me llegó temprano. Puedo imaginar y entender que lo vivido por mi madre en su esfera personal, le llevó a querer, para sus propios hijos, pintar de blanco aun lo más negro que habita en el mundo. Cada uno es dueño de su historia, y lo menciono aquí desde la parte que es mía y como un ejemplo ilustrativo.

Sin magnificar o minimizar las experiencias de la vida de nadie, digo que eso no debiera ser un semáforo en verde para los psicópatas narcisistas integrados, y no se trata de educarlos a ellos bajo ninguna regla de tránsito urbano, sino de hacer lo posible porque cada vez más personas empáticas tengan información que les permita proteger su existencia de embates narcisistas y llevar la fiesta de su vida felices y en paz.

Hay muchas maneras en las que un ser humano puede, a través de circunstancias propias de su infancia, generar el estado de *indefensión aprendida*. Durante la infancia se crean esos ambientes significativos, que irán marcando las elecciones de una persona a lo largo de su vida. Hay muchas elecciones que son aprendidas. Si vives una relación de abuso psicopático, no importa cuál haya sido el motivo que te ubicó un paso más cerca del alcance de un PNI, lo irás trabajando durante el proceso de recuperación, ahora mismo, lo importante es que si deseas salir de ese ciclo puedas hacerlo cuanto antes, de forma segura y sintiéndote acompañada. Tu circunstancia individual puede haberte convertido en alguien vulnerable o puedes ser una persona con gran empatía o quizá alguien poseedor de un corazón enorme, incluso, puedes ser todo eso junto, pero ello no te obliga a permanecer al lado de ningún ser que te dañe y que te brinde todo lo contrario.

Crecemos con las pautas de nuestra propia historia. Desde que nacemos y hasta cierta edad, durante la infancia, somos materia en formación al cuidado de alguien más, y pasado el tiempo llegaremos a ser responsables en la —casi— totalidad de nuestros actos y pensamientos, digo casi, ya que en nuestro inconsciente siempre habrá cosas por descubrir para seguir conociéndonos. Es un hecho que nos vamos formando con el molde de nuestra propia circunstancia, sí, pero a partir de un día somos nosotros quienes, de puño y letra seguiremos escribiendo el guion para la vida que deseamos.

Si bien es cierto que somos unos con otros, también requerimos la maravilla de la individualidad. Esa es la fuerza que nos permite salir de túneles aparentemente sin salida, y hacer gestiones para sobrevivir y luego para florecer.

La individuación es indispensable también para aportar al bien común. Desde nuestra esencia particular podemos ver los ojos de los demás y aportar, por lo menos, un grano de arena a la posibilidad de su felicidad, desde el *yo*, podemos hacer del espacio que habitamos, un lugar más amoroso para nosotros y para nuestro entorno.

Es aterrador saber del número de psicópatas narcisistas integrados que ahora mismo caminan por las calles, pero el mundo está lleno de luces y sombras, y desde la luz hay también millones de personas trabajando en pro de la seguridad y dignidad emocional del ser humano.

Hay mucho por hacer, y una vez que pases la línea que te ubique fuera del ciclo de abuso psicológico, llegará el momento en que tú, si así lo decides, podrás hacer algo por quienes se encuentran aún dentro de esa burbuja.

De las historias y procesos emocionales en los que, desde hace algún tiempo, he acompañado a personas víctimas de psicópatas narcisistas integrados, hay algo que me queda claro, y es el daño que resulta de justificar los hechos. Hasta hace poco, había pocos profesionales en el ámbito de la psicología especializados en este tipo de atención. Por ello, cada vez que recomiendo buscar ayuda profesional, hago énfasis en que sea con quien tenga la sensibilidad y el conocimiento necesarios para abordar el acompañamiento a víctimas de abuso psicológico perpetrado por sus parejas psicópatas narcisistas encubiertos.

Por fortuna, he visto a muchas personas volver a sonreír después de haber vivido una historia de amor psicopático, por desgracia, hay mucha gente que sigue varada en el camino. Durante el proceso terapéutico, quienes atendemos este tema, nos aseguramos de erradicar la tendencia justificadora por parte del paciente y, por supuesto, le brindamos herramientas para no caer en la revictimización que es tan frecuente en el entorno.

Otro de los obstáculos que surge durante el tratamiento es la culpa. Trabajamos de manera exhaustiva en el tema. Nadie tiene por qué culparnos por haber sido carnada para un PNI. Nadie, ni siquiera uno mismo. Nadie se busca por gusto esta experiencia. Nadie tiene por qué vivir esta situación, ni mucho menos permanecer ahí, una vez que se ha dado cuenta de la circunstancia.

Ningún PNI por su condición tiene derecho a depredar a un ser humano. Ninguna persona empática tendría que sentirse atada a la convivencia con un PNI.

Durante el proceso de mi recuperación me reproché una y mil veces no haber sido capaz de ver ni percibir las alertas, me dolía hasta la médula reconocer que mis ojos habían permanecido más que cerrados. No entendía cómo pude ser capaz de amar tanto a quien debí rechazar desde el minuto cinco. A un PNI le bastan cinco minutos para tirar un anzuelo porque no tiene miedo y porque, previamente, ha estudiado qué tipo de gancho requiere para cada víctima. Los anzuelos iniciales son aquellas banderas rojas que toda persona debiera conocer y que abordaremos exhaustivamente en este libro. Yo sentía culpa por no haber identificado esas señales, hoy, tan evidentes. A través de la recuperación, el remordimiento por mi descuido aminoraba a medida en que fui identificando los modos y estrategias que el PNI utiliza. En la mira, no hubo manera de salvarme. No hay vuelta atrás. En aquel momento fui la víctima perfecta. En primer lugar y sobre todas las otras posibles causas, porque no sabía nada acerca de psicópatas narcisistas integrados ni de banderas rojas como alarmas que me ayudaran a evitarlo.

Permanecí una década a su lado. Fue durante el último año que mis ojos se abrieron. Antes, a pesar de las circunstancias y numerosos hechos, no pude imaginar qué era lo que en realidad sucedía. Ya lo he dicho antes: mi PNI es alguien de carrera larga, ha recorrido muchos kilómetros de vida como tal, y me pone la piel de gallina pensar en toda la gente que, ahora sé, había dañado y que hoy, por supuesto, sigue haciéndolo a través de nuevas víctimas o a través de relaciones refritas que constantemente retoma. Un PNI avanza en círculos, pasando muchas veces por el mismo sitio, girando y absorbiendo entre sus garras a quien se atraviese en su camino, igual que una de esas aspiradoras robot que con sus pequeños tentáculos van arrasando hábilmente con el polvo.

Durante esos diez años sucedieron muchas cosas, una de ellas fue graduarme de Psicología con acentuación en clínica. Mi primera carrera profesional, ciencias de la comunicación, me gusta y apasiona, pero el deseo y pasión por la psicología que sentía desde hace muchos años atrás, se habían quedado guardados en un cajón. Así que, en una afortunada decisión desempolvé ese anhelo hasta hacerlo realidad. Al mismo tiempo que cursaba la carrera, me fui formando como psicoanalista y, en el camino, hube de atravesar mi primer psicoanálisis, ahí aparece Olga Pilnick, psicoanalista argentina a quien aprecio y agradezco su compañía durante cada descubrimiento en el diván.

A través del psicoanálisis recorrí mi vida hacia atrás. Me di cuenta que no era la primera vez que estaba cerca de un PNI, pero, por fortuna, ahora sí la primera vez que era capaz de identificarlo. La ruptura amorosa con un psicópata narcisista integrado no tiene nada qué ver con el proceso de separación entre dos personas que terminan una relación afectiva. Conocer el ciclo narcisista y todas sus implicaciones psíquicas y fisiológicas me ha permitido sanar, si sucede de otra manera puede dejar daños psicológicos irreversibles.

Pude reconocer que, en ausencia de información y nulo conocimiento acerca de los PNI, había sido un camino que a lo largo de muchos años de mi vida había recorrido sola, eso no lo digo como un mérito, sino como una forma de dimensionar el dolor y los estragos que implicó el recorrido. El «hubiera», no existe, sin embargo, viendo hacia adelante, puedo imaginar los muchos casos de personas que se libran de caer en lo profundo de una relación psicopática al tener conocimiento de esta condición psíquica de la personalidad.

Cuando se vive una relación de pareja con un PNI invariablemente llega el momento en que la víctima es consciente de lo que vive, este es un punto crucial, ya que habrá quienes se debatan entre la incredulidad y la duda, habrá quienes estarán dispuestos a dar un salto al vacío, y quienes, a pesar de tenerlo todo claro, decidan permanecer en el ciclo pensando que podrán sortear la vida a lado del perpetrador. Elegir entre un camino y otro depende de muchos factores individuales. Lo cierto es que, con la difusión de información pautada y validada por científicos y expertos, el dolor entre las personas vulnerables a ser víctimas podría evitarse, o aminorarse entre las personas que ya han sido estafadas y requieren salir del ciclo. Quienes hemos sufrido esta experiencia podemos apoyar a otros compartiendo información de lo vivido en el trayecto. Nadie sale ileso de una relación psicopática, hay en todos los casos, heridas profundas que atender.

En la intención de escribir este libro habita el deseo de acompañar a quienes se encuentran en medio de esta maraña narciso-psicopática y desean salir cuanto antes lo mejor librados de ella.

Uno de los hallazgos en mi propio análisis fue reconocer que había crecido con la capacidad —en la frecuencia más baja— de ver y nombrar las cosas por su nombre. Si has llegado hasta aquí, puedo imaginar tu sonrisa mientras recuerdas la frase de mi madre *cierren los ojos*, yo también estoy sonriendo. El camino del autoconocimiento va desvelando las cosas una a una, de a poquito, y es por eso que hasta podemos escuchar el tintineo de algo mientras va cayendo. Es el sonido de los «veintes*» que resuenan dentro de nuestra cabeza cuando las cosas van tomando una claridad impecable.

---

* **Nota del editor:** En México, decir que *te caen los veintes* o que *te cayó el veinte* es como decir que te das o diste cuenta de algo.

La vida por la que transité durante muchos años iba en una dirección diferente a la actual, lo escribo sin juicio, ni mejor, ni peor, sino distinta; lo que sí puedo decir con certeza es que era una dirección menos consciente.

Mis pasos, asumía, avanzaban por un mundo ilusoriamente bueno en su perfecta redondez. La idea de la maldad y el miedo no cabían en los cajones de mi panorama, la gente es buena y ya está, así de simple era la fórmula que había asignado a la felicidad y a mi forma individual de percibir la realidad.

Lo demás, pensaba, era transitorio, las dificultades se resolverían con el paso de los días. El refugio entre los quehaceres y obligaciones autoimpuestas, además de los libros, fueron haciendo llevaderas las circunstancias por más incoloras, negras o grises que fueran.

Caminar así es como avanzar en una cuerda floja, yo no lo sabía. Pero no saber, en la mayoría de los casos, no nos exime de responsabilidades ni, por supuesto, nos aleja de los riesgos. Saber nos aleja de esa cuerda floja. Es importante entender cómo cuidar de nosotros y cómo cuidar o enseñar a otros a cuidarse. No me refiero a la desaparición de los depredadores, de ninguna manera. ¿Cuidar de qué entonces? —te estarás preguntado—, y la pregunta a la que me refiero es ¿cuidar qué? Básicamente, ante todo y en medio de todo, cuidar nuestra integridad y valor. Y es que, hasta el momento, no se conoce reversión en la condición de los psicópatas narcisistas integrados.

Cuando no sabemos llanamente que entre los seres humanos existen, por la razón que sea, algunos con particulares condiciones en su psiquismo que no les permite ver más allá de sí mismos, permanecemos vulnerables a todo tipo de intenciones. Hay personas en cuyo interior no hay más que el impulso incontenible de depredar. Soltar esta frase entre quienes no han sufrido del abuso psicopático puede resultar caótico o digno de un realismo mágico un tanto tenebroso, pero para quienes están inmersos en esta burbuja, empaparse del tema resulta inmensamente liberador.

Todos hemos caído en errores de percepción, pero hay circunstancias como es el caso de las relaciones de pareja, en las que la ausencia de una información y conocimientos puntuales y particulares puede hacer que permanezcamos no conscientes de la posibilidad de toparnos con algún PNI, que por supuesto rondará portando su disfraz —muy bien puesto—, quizá, de un inocente elefante rosa o de un pato muy simpático.

Saber nos permite reconocer cuando estamos a punto de caminar en cuerdas flojas, cuando nos encontramos frente a puentes que es mejor no cruzar, o cuando un paso más allá se perfila lleno de veredas flanqueadas de evidentes banderas rojas. Saber nos permitirá reconocer, sin juicio, las señales emitidas.

Y cuando integramos en nuestra manera de vivir el espacio de no juicio y mantenemos encendida la invaluable capacidad de observación, las cosas se vuelven simples. En el no juicio, las personas y los hechos hablan por sí mismos. Estar abiertos no es alineación. Es decir, al conocer a alguien, no compras a la primera la idea de que es encantador o un ser aborrecible. Reconocer sin juicio permite que una persona que se acerca a ti sea como es y, en ese espacio, honras y respetas el punto de vista del otro sin acatar o rechazar de entrada. En el no juicio, no estás de inicio —ni nunca—, de acuerdo incondicionalmente, pero tampoco de inicio —ni siempre— rechazas o reaccionas en contra.

En el estado de no juicio eres capaz de permitir, respetar y observar, para decidir hasta dónde continuar.

Por lo general, un PNI aparece en nuestras vidas como un ser encantador, te seduce con ese bombardeo amoroso tan característico de ellos, y hará lo posible por captar la atención de todos a tu alrededor. Aquí radica una abismal diferencia entre el saber y no saber. Hay muchos indicios que, de estar informados de ellos, nos permitirían identificarlos.

Al entrar o acercarse con ese juego de encanto, los psicópatas narcisistas integrados envuelven a la víctima haciéndole creer que se ha topado con un ser casi perfecto, y ahí comienza todo, la estafa se desenvuelve casi a manera de un guion teatral.

Crees que has encontrado a tu alma gemela, y a partir de ahí, serás capaz de creer muchas otras cosas más.

Las historias, por lo general, son rompecabezas incompletos, llenos de huecos y vacíos por una que otra pieza perdida, pero si entre tus características y forma de ser, al igual que yo y que muchas otras personas, eres de las que creen a ojos cerrados en la magia de las historias únicas y extraordinarias, sabrás de lo que hablo. Después de conocer al PNI y de estar dentro de ese encantamiento psicopático, llegará el punto en que una persona sin darse cuenta, hará hasta lo imposible por acomodar en su lugar todas las partes, aun en un rompecabezas incompleto. No puede creer que le falten piezas. Existen muchas personas así, creativas, llenas de empatía, de buena voluntad y dueñas de una inmensa capacidad de amar. La creencia de que todo se puede es una frase linda, pero como todas las frases lindas, no son leyes ni decretos más allá de lo personal, no rigen a todos ni a todo por igual. «Todo se puede», es más bien una frase amplia como muchas, y con la posibilidad de desembocar hacia la luz más brillante o adentrarse a la sombra más oscura.

Ante los primeros problemas o dificultades en la relación, las personas empáticas y soñadoras, sin darnos por vencidas, buscaremos en todos los rincones la pieza perdida, sin imaginar que, a veces, ese faltante, en la historia de un PNI puede significar un

defecto de origen, de fábrica, de empaquetado, un error irrepara-
ble desde una etapa muy temprana en su infancia y que ahora
nada hará cambiar el resultado final de un rompecabezas incompleto, a pesar de nuestro entusiasmo por ver la obra armada, es
decir, por permanecer dentro de una historia de amor perfecto.

Yo pensaba que *el amor todo lo puede.* Otra frase, y qué frase.
Cuántas veces en la vida la habremos escuchado sin análisis, hasta tragárnosla como suplemento vitamínico. Uff. Fue así como
de una manera sin precedentes hice a un lado todo lo que se in-
terpusiera en el camino. Avancé directo y sin escalas hacia el elefante rosa, segura de que no volvería a presentarse la oportunidad
de tener a uno cerca en esta vida ni, en caso de que las hubiera,
en las subsecuentes.

Entonces comenzó la historia de amor con mi PNI

Todo sucedió a la velocidad de la luz. En un abrir y cerrar de
ojos me encontraba en el cuento de la princesa y el príncipe. En
un momento, no podía casi creerlo, pero en los instantes que
siguieron, hasta la última de mis células, lo creí.

Lo que siguió transcurriría con la lentitud con la que erosiona el agua a una roca. En un abrir y cerrar de años me encontré
de la mano de mi PNI en el cuento de terror más increíble.

¿Qué fue lo que pasó? ¿Cómo fue posible pasar de un cuento a otro? Durante mucho tiempo no tuve ninguna respuesta ni
coherente ni lógica, sin embargo, en la trama de los días era
evidente y real lo que sentía, mi vida iba en picada, y así —es
muy triste decirlo— transcurrieron diez años.

He acompañado a personas a quienes se les han escurrido
cinco, veinte o incluso una treintena de años. Entre más sea el

tiempo al lado del PNI, a una víctima le será más difícil salir del ciclo, *pero no imposible*, solo basta con un clic interno y la decisión racional de ponerse de su propio lado, para estar en el camino de la liberación de un yugo psicológico invisible pero muy real.

El estruendo y la intensidad de un PNI hace que uno se mantenga en la montaña rusa de la relación. En mi caso, las subidas y bajadas hacían que apretara más fuerte su mano pensando que asida de ella me encontraba a salvo, historias como nunca antes había vivido, ahora desfilaban en mis días una tras de otra. No había tregua, a un día de cielo le seguían tres de infierno, una vida sin tiempo fuera, sin armisticio y sin sendero a la vista para salir del laberinto. Sé que quienes lo viven sabrán de lo que hablo, para un PNI no es necesaria la violencia física, se trata de una guerra psicológica recubierta de la normalidad más impecable.

Pero un día sin más, «los veintes» coloquiales que ya mencioné líneas atrás, caen encima como si fuésemos ganadores del premio gordo en una máquina tragamonedas. Para mí, de pronto todo cobró un sentido más claro que el agua de un río apacible. Los hilos sueltos que a lo largo de casi una década habían flotado de un lado a otro como transportados por el viento, ahora formaban una línea recta de acontecimientos maquiavélicamente entramados. Vi pasar, de manera estrepitosa frente a mis ojos, muchas historias cuyo nudo ahora quedaba al descubierto en un terminante desenlace. Hasta ese momento había nadado junto a mi PNI en un mar de finales siempre abiertos, tramas confusas y personajes nebulosos. Él es un as de las historias y en ellas la mentira es el principal personaje.

Abrir los ojos ante la realidad de una condición irreversible en la persona que tenía frente a mí, fue un instante revelador, algo así como despertar de pronto de un estado hipnótico. Lo más doloroso fue reconocer el tiempo que había transcurrido mientras yo avanzaba en círculos, con la inocencia e ignorancia de los ojos vendados. Por fortuna había llegado el tiempo. Al fin podía verlo todo.

No era que de pronto descubriera una mentira, era que su vida entera era una mentira. No era la persona que aparentaba ser frente a mí, ni frente al resto del mundo. Estaba frente a alguien que adopta máscaras a diario y que está en constante necesidad de depredar emocionalmente a todo y a todos, pero bajo un disfraz de persona, diré, brillante y de buen corazón, para no alargarme en una lista interminable de cualidades inhumanas acumuladas durante años en su entorno. Las vidas paralelas y simultáneas, así, en un amplio plural, se estrellaron de pronto unas con otras. Esos días fui marcando uno a uno los recuadros de un «check list» con las características puntuales de una personalidad psicopática narcisista integrada. Fue aterrador y alucinante. Algo como fuera de este mundo. Él no había cambiado, desde el primer momento había sido un PNI bien arraigado, fui yo la que en ese inicio no vio, era yo la que ahora, diez años después, veía.

Recuerdo bien que los meses previos a la caída del velo, la situación era ya por demás incómoda. Muy distinto del comienzo. La nueva realidad —que había empezado al tiempo de iniciar la relación—, pero que yo no veía, contrastaba con el cuento de hadas inicial haciéndolo parecer cosa de otra dimensión, de otro mundo, de un tiempo incluso muy lejano.

No me di cuenta cómo, pero la normalización ante los estragos del PNI se había instalado en mi psiquismo. A través de un fuerte mecanismo de defensa fui, con el tiempo, trivializando todo, llegando a ver como normal lo que, bajo ninguna circunstancia, debería serlo.

Me di cuenta de cómo la rutina había transcurrido en ese tiempo manteniéndome inmersa en una cordura armada a golpe de mata; la empresa cultural que dirijo estaba funcionando bien a pesar de la pandemia que todos padecimos, impartía clases a distancia, convivía de la mejor manera posible con mis hijas. Además, estaba avanzando en otros logros, recién me había convertido en psicóloga, me encontraba en formación psicoanalítica y debía iniciar mi propio proceso de psicoanálisis. Sin embargo, la presencia del elefante rosa, mi PNI, poco a poco había invadido un gran espacio en el mío y absorbía de mi tiempo una buena cantidad de energía vital. Me sentía cansada, más bien agotada, como si un desgaste emocional severo se hubiera apoderado de mí por completo. Además de lo que yo hacía, lo apoyaba a él en sus actividades y demandas de atención y tiempo, el agobio y el deseo de ayudar, lo aducía a la fuerza del amor que uno puede sentir por otro. Con frecuencia, cambiaba mis planes por su intervención, otras, daba prioridad a lo urgente, que casi siempre era una necesidad suya. Nunca pensé —en una montaña rusa no hay mucho tiempo para pensar—, que la salud del amor consiste en la vitalidad y crecimiento de las dos partes; hoy, esto representa una de mis premisas fundamentales.

En pareja, el apoyo es necesario, pero nadie debiera sacrificar la propia vida por el otro.

Vivía abrumada y no entendía por qué. La cuerda iba quedándose sin vueltas, me esforzaba por ser la esposa perfecta, la mejor anfitriona, hacía todo lo posible para que mi PNI supiera cuanto lo quería y admiraba. Todo lo construía en pro de —sin saberlo— un elefante rosa.

Mi PNI era sin duda un ejemplar encantador, así como lo son todos, portan las máscaras que han elaborado a la medida de lo que otros —víctimas potenciales— sueñan.

Los psicópatas narcisistas integrados no pueden conservar la máscara intacta 24/7 por tiempo indefinido, quizá para el mundo, pero nunca con sus víctimas. Aparentar es un oficio para los PNI, y en el ámbito de pareja, una relación psicopática es una de las peores situaciones de abuso perpetrado en el tiempo que puede sufrir un ser humano. Llega el momento en que lo único que requieren es depredar, y las máscaras vuelan por los aires. El problema radica en que sus víctimas no sepan, no acepten o no puedan creer que se encuentran frente a un PNI.

No saber, acapara el porcentaje más alto de los casos.

Una delgada línea

Así llegó el momento en el que me di cuenta de que habitaba al margen de una línea muy delgada entre lo que imaginaba que estaba sucediendo y lo que deseada con todo mi ser que no estuviera pasando. Aquí te lo contaré todo.

Escribo para que otras y otros tengan la oportunidad de dar un salto fuera de la cuerda floja, y si ya lo han hecho, para que puedan levantarse, mantenerse en pie y caminar de nuevo con la vista al frente y el corazón henchido de esperanza.

Todo ser humano tiene derecho a vivir en el amor real y en libertad. Para ello, cada persona también debe saber que hay un tipo amor que no es de nadie. El amor propio no es transferible, no le sirve a nadie más que a uno mismo. Es un amor solo nuestro. Para vivir el amor de pareja, es necesario comenzar por ahí, sobre todo, después de haber vivido una estafa emocional a manos de un psicópata narcisista integrado. Después de una experiencia como esa, habrá mucho por edificar, mucho por revalorar, pero saldrás avante. Muchos lo hemos logrado, no es fácil, pero si te lo propones, tú no tendrías por qué ser la excepción.

Después del huracán psicopático, y habiendo transitado el sinuoso camino de la recuperación, de nuevo pienso que el amor todo lo puede. Sin embargo, el orden ahora me resulta indispensable: el amor propio, en el sentido positivo y sano va antes del amor hacia otros. En la relación de pareja hay límites personales que nunca debiéramos transgredir, hay concesiones que nunca debiéramos acceder. Con un PNI a un lado, la experiencia del amor se vuelca de cabeza, la vida se pone pies para arriba.

Cuando se vive una relación de pareja con un PNI, sin apenas darte cuenta, el amor propio es lo primero que se astilla, y en un tris puede incluso quedar convertido en añicos.

Después de eso que has vivido sabrás —por siempre— que en una relación de pareja es necesario, desde el día uno, mantener algunas pertenencias a salvo, me refiero a las cosas y valores que son fundamentales y forman parte de ti de manera indisoluble, a los hechos que son intocables ahora bajo ninguna circunstancia. Límites personales, certezas, seguridades, elementos psíquicos y emocionales que nadie más que tú puedes modificar. Perspectivas que te permitan vislumbrar el horizonte con la claridad que otorga la propia valía. Después de la travesía, habiéndote recuperado, tendrás los pies sobre la tierra para poder mirar cualquier señal de alarma de ahora en adelante. No habrá sitio ni de más ni de menos, no otorgarás beneficios a la duda. Habitarás segura en el espacio de no juicio. No adelantarás premisas, ni cerrarás los ojos a lo que es. Las banderas rojas podrán verse a distancia. El alcance de nuestra mirada permanecerá intacto, ecuánime y limpio por amor, en primer lugar, a nuestra propia existencia.

Mientras escribo, recordé algunas líneas que, a manera de diario, anoté en algún cuaderno. Son palabras que ahora releo en un ambiente seguro, pero que me llenan de dolor al imaginar que alguien en este momento pudiera estar viviendo algo parecido o que se encuentre paralizado frente a ese vacío que parece insondable.

Hace un mes que salí del cautiverio y me aterra pensar en lo que sería de no haber dado un paso hacia lo que me parecía un abismo. Ese abismo que hoy, al cabo de tan solo treinta días, puedo llamar el derecho de existir. Sin percibirlo, fui olvidando casi por completo el aroma de estar viva. El oxígeno que me mantenía en pie estaba a punto de agotarse. Ahora estoy aquí. De nuevo soy.

La última semana dentro de aquella relación fue una pesadilla emocional, todo avanzó a la velocidad de un huracán de grado cinco. Frente a mis ojos, ya sin venda, fueron cayendo una a una las piezas de una farsa y, por fortuna, no hubo manera de que el velo siguiera cubriendo lo innombrable. Era la primera vez que usaba el término psicópata narcisista integrado para reconocer a la persona con quien viví en pareja, un ser con quien desayuné cada mañana a lo largo de muchos años. A mis ojos, y a los ojos de los demás, éramos un matrimonio que después de luchar contra viento y marea disfrutábamos de una buena vida. La realidad era muy distinta desde la perspectiva de mi PNI, la complejidad de sus vidas paralelas y ocultas se desarrollaba, de acuerdo a los estándares psicopáticos, sin que nadie —excepto sus víctimas ya depredadas— pudiera imaginarlo.

No hablo del descubrimiento de una traición, engaño, infidelidad, mentira, omisión, etcétera, que sin duda hacen daño a una pareja y que luego supe, aquí, en esta relación aparentemente perfecta, existían a borbotones. Me refiero a mirar como tal al PNI que tenía frente a mí.

La condición de psicópata narcisista integrado era una asignatura nueva en mi vocabulario, pero también para mi sorpresa, lo era en los libros de psicología. Nunca imaginé que lo intuido entre bruma y desasosiego, en lo que se fue develando la persona que en un principio para mí era perfecta, fuera una condición que padecen algunos, y no pocas personas entre la población mundial. Hoy también sé por simple lógica matemática, que son incontables las personas que tienen a un espécimen de este tipo a su lado.

Quizá recién te has dado cuenta de la condición PNI de tu pareja, tal vez, como yo lo hice, llevas años acallando o sin prestar atención a tu intuición, o has dado en el clavo, todo lo tienes claro, pero te encuentras al borde de un abismo sin saber qué hacer para salir de la situación.

Por eso no quisiera perder ni un segundo en dejar de compartir lo que para alguien más pudiera significar una palabra de acompañamiento. Este libro lo he escrito para ti, y lo que más deseo es compartir información que acompañe tu proceso. Vivir vale la pena a pesar de lo que has experimentado o de lo que quizá ahora mismo estás sufriendo.

Lo que más deseo es que este texto sea para ti un «libro compañía». Incluyo en él algunos términos que es indispensable conozcas, ya que serán de utilidad en el proceso que estás viviendo. Resulta asombroso el patrón que siguen la mayoría de los PNI. Cambia, por supuesto, la circunstancia y el entorno de tu propia vivencia, pero lo que aquí comparto, está corroborado con la forma similar en la que actúan la mayoría de los psicópatas narcisistas integrados. Un PNI actúa como en un juego de repeticiones. Las historias que él mismo te cuenta, seguirán repitiéndose contigo y luego con cada una de sus nuevas víctimas. Por fortuna, la academia y la investigación, por fin ha puesto sus ojos en el tema. Hay cada vez más información valiosa y sustentada al respecto, disponible en el ámbito de la psicología clínica. Sin embargo, lo que podamos hacer desde cualquier otra trinchera, como lo es la difusión del tema y el acompañamiento a las víctimas, es también importante e indispensable.

La personalidad es un tema amplio como el arcoíris. Existen múltiples teorías y respuestas acerca de cuántos y qué rasgos integran el lado sombrío de la personalidad en un PNI. La triada oscura es un conjunto formado por tres concepciones básicas: el narcisismo, maquiavelismo y psicopatía. Se trata de tres variables distintas de la personalidad, son conceptos independientes e individuales. El maquiavelismo se caracteriza por la manipulación estratégica de los demás; la psicopatía, por la frialdad emocional y la tendencia a la provocación; en tanto que el narcisismo está regido por el egocentrismo, la grandiosidad y las fantasías de poder ilimitado. Un PNI tiene por los menos dos de esos tres rasgos.

Se ha demostrado que los PNI comparten elementos comunes tales como la insensibilidad interpersonal, la falta de empatía, la ausencia de humildad, la deshonestidad, la manipulación y las creencias férreas en su propia superioridad y la inferioridad del resto de los seres humanos que pueblan el mundo. Es una auténtica caja de Pandora.

Si tu pareja es un PNI, salir de ese círculo vicioso es imperativo, y también lo es que identifiques el patrón que ha seguido para mantenerte cautiva. Indaga en tu interior y explora, si es necesario con ayuda profesional, de cuáles heridas se ha valido para internarse en tu vida. Conocer nuestras debilidades y forma de ser es una de las obligaciones que tenemos para con nosotros mismos. Conocernos nos hace libres. Conocernos nos mantiene a salvo. A tu disposición está la información que podrá funcionarte como escudo, incluso ante nuevos depredadores. El ciclo no tiene por qué repetirse, sin embargo, es común que suceda. Una misma persona puede ir de un PNI a otro sin saber de qué va su circunstancia.

El conocimiento avalado por la psicología, a todos nos aclara el panorama, aprender todo lo que sea posible te permitirá dar un paso sin retorno a lo que nunca más estarás dispuesta a repetir.

Fueron Delroy L. Pauhlus y Kevin M. William, psicólogos de la Universidad de Columbia Británica, quienes en 2002 formularon el concepto de la triada oscura. Los postulados son muy recientes y resultaría interesante conocer las razones por las que, por mucho tiempo, ha sido un tema de antaño, pero poco nombrado. No obstante, es Philippe Pinel, un médico francés dedicado al estudio y tratamiento de las enfermedades mentales, a quien se considera como el autor que dio origen al término psicopatía, cuando en 1801 lo utilizó para definir un cuadro clínico de manía sin delirio. Sin delirio en un PNI sería lo equivalente a integrado, es decir, con vida «funcional». Un PNI avanza por la vida con aparente naturalidad, sin que los demás veamos en ellos un peligro, y ahí es donde radica el peligro.

Si desde 1801 se acuñó el término, ¿por qué doscientos años después aparece la triada oscura? Es irónico, ya que podríamos decir que, en la literatura, desde siempre han existido los personajes poseedores de características que a todas luces podríamos identificarlas con determinadas condiciones mentales, síndromes y patologías clínicas. Sin embargo, en psicología los PNI ¡son nombrados a partir de 2002!

Muchos de los grandes escritores han demostrado ser excelentes observadores clínicos de la condición humana. Los ejemplos sobran, en *Cumbres Borrascosas* de la escritora Emily Brontë, publicada en 1847 y en *El Túnel* de Ernesto Sabato, publicada en 1948, habitan personajes enigmáticos, ejemplares sin duda de la triada oscura de la personalidad. Un vistazo desde los clásicos y una mirada hacia lo contemporáneo resulta una fuente viva de personajes psicopáticos, maquiavélicos y narcisistas.

No hay duda, los PNI existen en las historias de ficción, pero también habitan en la realidad del mundo.

En estas páginas hablaremos de cómo, por sus características y formas de depredar, a los PNI les resulta muy fácil entrometerse en la vida cotidiana y pasar muchas veces inadvertidos para unos y ser fuente de dolor inmensurable para otros. Un psicópata narcisista integrado es un ser muy hábil para lastimar y con nula capacidad para sentir. Vaya combinación.

¿Cómo son?, ¿de qué manera podemos identificarlos?, ¿por qué se aferran a sus víctimas?, ¿qué hacer para librarnos de ellos?, son muchas las interrogantes que abordaremos, no sin antes advertir que las herramientas de manipulación del PNI podrían atrapar a cualquiera. Nadie está exento de sus dominios, por ello la repetición constante es indispensable, difundir la información a manera de acompañamiento y prevención es de suma importancia. Imagina el impacto positivo que esto podría tener en una sociedad, simplemente con que estos temas se incluyeran en la educación secundaria y bachillerato.

Los PNI son capaces de mimetizarse en todos los ambientes, por ello y como regla básica en el proceso de tu recuperación, nunca te culpes de lo sucedido; lo más importante ahora es trabajar en el fortalecimiento de tus escudos personales y, si te es posible, compartir la información con quienes están en el camino de un proceso similar. Entre todos podemos darnos una mano, la empatía ante el dolor ajeno es el mejor antídoto para combatir a esta circunstancia que azota sin tregua al mundo.

A muchas mujeres nos han educado bajo la premisa de que *la ropa sucia se lava en casa*, hoy no puedo estar más en desacuerdo. Es necesario que el mundo entero conozca acerca de lo que daña. Las tragedias humanas debieran estar en un aparador a la vista de todos, hay cosas que, de conocerlas, nadie desearía repetir. Lo que en sigilo logra un PNI en la vida de sus víctimas, incluso hasta llevarlas a la muerte, no debe permanecer oculto.

Resulta una calamidad cuando un PNI se encuentra cerca de quienes le brindan amor sin saber del peligro al que se exponen. Un psicópata narcisista integrado, además de ser pareja, desempeña muchos otros roles. Un PNI puede, en un simple manotazo, arrancar la pureza de sus nietos, aprovecharse de la admiración de sus propios hijos, despedazar la vida de sus padres y, por supuesto, ensañarse sin comparación alguna ante la dedicación que una pareja estará dispuesta a ofrecerle en nombre del amor. Un PNI es una figura peligrosa, que aparenta todo lo contrario y, por lo menos hasta lo ahora conocido, no hay manera viable de que cambie.

Un psicópata narcisista integrado morirá siendo un psicópata narcisista integrado.

Escribo estas líneas con la sensación inacabable de hacerlo a marchas forzadas, sabiendo que existen, ahora mismo, muchas víctimas sin consuelo. Seres empáticos que se encuentran en la situación precaria de un torbellino de emociones y pensamientos que les hace dudar incluso de su propia cordura. Inmersos en un espiral de discusión sinfín con quienes solo buscan desangrar la autoestima y fortalecer con ello los vínculos traumáticos. Personas sumergidas en una ingenuidad y negación de la realidad que representa el botón de encendido para su propia muerte emocional y quizá luego física, un botón que se encuentra ahora mismo al alcance de la mano de su PNI.

Lejos de la ficción, esto es realismo puro, muchas personas al igual que yo, lo hemos vivido. El patrón de los psicópatas narcisistas integrados es el mismo sin importar factores socioculturales, ni económicos. Mantenernos alejados de un PNI debiera ser igual de importante como alejarnos de un volcán a punto de erupción. Estamos hablando de perpetradores emocionales, con condición de psicópatas oscuros, narcisistas integrados en la vida que habitamos todos y que, por desgracia, han aprendido a reptar en camuflaje, imitando hábilmente todo lo que son incapaces de sentir, hasta el grado de ir mostrando un falso oropel de los valores intrínsecos del ser humano que, a ellos, como muchos especialistas han llegado a mencionar, por ser parte de una pseudo especie, no les fueron asignados.

Me uno a la difusión de un tema que afecta a una gran parte de la población, muchas voces ya lo hacen y agradezco infinitamente en un momento inesperado haberlos escuchado, leído, estudiado. Sin lugar a dudas el volumen alto de su esfuerzo por informar, me ayudó a transitar un proceso del cual me encuentro hoy del otro lado de la línea. Sin ellos, no puedo imaginar en qué punto del camino me encontraría ahora.

A lo largo de años de convivencia con un PNI, mi elefante rosa, la palabra soledad aún retumba como el eco en un valle rodeado de las más altas montañas. Nadie puede entrar ahí, nadie sabe dónde encontrarte. Es un lugar lleno de algarabía, de gente, de brillos y ruidos que aparentan ser el rostro de lo que podría, a los ojos de otros, ser la vida de una pareja perfecta. Es un cautiverio difícil de explicar, pero estoy segura de que tú y yo, estamos a punto de entendernos.

1

¿Cómo estás tú?

Nunca imaginé que las características de mi historia *de amor*, formarían parte de una estadística de terror. El psicólogo canadiense Robert Hare, a quien mencioné al inicio de este libro, es el creador de la escala de medición más utilizada actualmente para la psicopatía, quien dedicó gran parte de su carrera profesional a investigar una condición de las *personas* que por su forma de habitar la vida, parecen no serlo. Una de sus frases más famosas dice mucho en pocas palabras: *Si te topas con un psicópata, no te detengas, lo mejor que puedes hacer es salir corriendo. La sociedad no puede defenderse de los psicópatas, son ellos los que hacen las reglas.*

Al leer sus entrevistas y publicaciones noté que, a menudo dejaba entrever su impotencia, muchas veces ante los cuestionamientos de sus colegas, se limitaba a mirar hacia otra parte, con el semblante de quien ha visto mucho, quizá demasiado, pero que a pesar de ello, no ha conseguido que su mensaje llegue a buen puerto. *Los psicópatas no son solo los fríos asesinos de las películas. Están en todas partes, viven entre nosotros y tienen formas mucho más sutiles de hacer daño que las meramente físicas. Los peores,* dice, *llevan ropa de marca y ocupan suntuosos despachos, en la política y las finanzas. La sociedad no les ve, o no quiere verles.* Las palabras de Robert Hare calan hondo entre quienes se atreven a reflexionar ante ellas, y resultan un bálsamo para quienes hemos compartido un tramo de vida con alguno de ellos.

Es muy cierto que, de la población psicopática mundial, existen los que se encuentran en las celdas de una prisión de alta seguridad, sin embargo, son los menos; en este libro hablaremos de los que caminan por las calles con un halo de simpatía brillando sobre sus cabezas, PNI, psicópatas narcisistas integrados, una categoría formada por quienes padecen el trastorno narcisista en grado patológico y cuentan, además, con la condición psicopática, pero que son capaces de pasar desapercibidos en la mayoría de los círculos donde se desenvuelven.

Son hombres y mujeres acostumbrados a camuflarse con disfraz de encantadores. No son pocos, la cuantiosa cifra que alcanza un porcentaje exorbitante de la población mundial, nos habla de la magnitud del problema, es decir, cada vez aumenta más el número de personas que posee la condición de psicópata narcisista integrado (PNI), variable de la triada oscura, poseedor de dos rasgos en complementariedad. Mi elefante rosa es una muestra clara de la personalidad narcisista y, encima, un psicópata integrado.

Las señales desde el exterior resultan claras cuando las vemos a la luz del tiempo, sin embargo, no importa cuánto lleves en tu relación, puede ser uno, un par de, o muchos años. Lo que a continuación enlisto puede sonarte familiar o similar a lo que diariamente podrías estar sintiendo respecto a tu relación de pareja. Son preguntas que solo tú podrías contestar con la mayor veracidad, los demás, es decir, los espectadores de la obra de teatro que escenifica ante ellos el PNI, muy probablemente tendrán una opinión distinta a la tuya. El mero contraste entre ellos y tú es ya una señal de alarma digna de ser tomada en cuenta.

En la relación de pareja con un PNI las cosas nunca son lo que parecen ser. Es como transitar dentro de un túnel y que a medida en que se desciende, la percepción es cada vez más evidente y oscura.

En este libro hablaremos de los PNI de principio a fin, sin embargo la persona para quien lo escribo, eres tú. Es un libro para víctimas de relaciones psicopáticas que desean, por sobre todo, dejar de serlo.

Antes de pisar el suelo del ciclo narcisista nadie me advirtió de la oscuridad que ahí encontraría, —es un tema como ya lo dije, del que hasta hace poco casi nadie hablaba— y cuando estaba dentro nunca hubiera imaginado que fuera posible experimentar tanto dolor. Por experiencia propia y posteriormente, también como profesional de la salud mental, puedo decir que no hay soledad más aterradora ni confusión mental tan desquiciante que la que se vive dentro del ciclo psicopático.

Ahora, tiempo después, en el camino de acompañar a víctimas de este tipo de maltrato, he conocido otras historias, y puedo decir que vivir con un PNI es habitar un espacio psicológico comparable a una sala de torturas. Un sitio en el que, en apariencia, todo va bien, pero que sucede todo lo que cada vez es peor.

Para que puedas salir, es importante que sepas dónde estás. Existen innumerables preguntas que miden tu bienestar en una relación de pareja, esa es otra historia. Aquí te comparto las que pueden mostrar el riesgo de que te encuentres en una relación de abuso emocional, y a indagar si es que te encuentras al lado de un psicópata narcisista integrado.

Por ahora, piensa en ti, en cómo estás. Ya habrá tiempo para identificar a fondo las características del PNI.

Pre Test

Responde con SÍ o NO, reflexionando en torno a tu relación de pareja:

PRE TEST	NO	SÍ
¿Te sientes agotada emocional y físicamente y no sabes por qué?		
¿Piensas con frecuencia que en tu maravillosa historia de amor hay algo que no va bien, pero que no logras identificar con claridad?		
¿Los problemas con tu pareja son un torbellino que viene y va, el caos surge casi siempre sin previo aviso?		
¿Al final de cada evento problemático te queda la desagradable sensación de no entender por qué ha sucedido, pero piensas (o el PNI te ha hecho creer) que eres siempre culpable del problema?		
¿De pronto te das cuenta de que toda tu energía está dirigida hacia la resolución de la vida de tu pareja?		
¿Tu pareja parece haberse convertido en un pozo negro y sin fondo, nada lo llena, nada lo satisface?		
¿Te sientes cada vez más apagada, sin arrojo, sin carácter, a pesar de poner tu mejor cara a la situación?		

¿Sientes que el miedo poco a poco se ha ido apoderando de tus pensamientos?		
¿Sabes que tendrías que terminar la relación pero no te animas a dar el paso?		
¿Sientes confusión en torno a tus opiniones y puntos de vista, y pareciera que hasta se mezclan con los de tu pareja?		
¿Tienes la extraña sensación de estar viviendo lo que no quisieras, por ningún motivo, que estuviera pasando?		
¿No puedes ver salida ante la situación en la que te encuentras?		
¿Te sientes atada a una persona que, de ser perfecta, se ha convertido en la peor pesadilla que has conocido?		

¿Cómo estás?

La sinceridad en tus respuestas es vital, las preguntas son para ti y lo que a ellas respondas es tu información de valor, una especie de termómetro que muestra el panorama. Lo que siga tal vez no será fácil, pero no pienses que estás sola, el acompañamiento que podemos brindarnos a través de este libro, en un inicio y con el apoyo de expertos de ser necesario, es real, sucede a través de las palabras y los hechos que nos unen. El dolor de cada persona que haya vivido estos eventos es algo que no debiera experimentarlo nadie, esta idea, estoy segura de que también la compartimos.

Cada SÍ es una bandera roja, una señal de alerta, un signo de que estás viviendo abuso emocional.

Una relación de pareja con un PNI pasará por distintas fases, no importa en la que te encuentres ahora. Desde cualquier ángulo tenemos mucho qué hacer. Si estás en medio de un bombardeo amoroso o si ante tus ojos a tu pareja se le ha caído ahora mismo la máscara y literalmente parece ser otra persona, estás a tiempo. Si es la cuarta o la séptima oportunidad que le has dado al PNI y percibes que todo va de mal en peor, estás a tiempo. Si cada vez que se marcha, dejándote sola, sientes que la vida se te acaba, estás a tiempo. Si la pesadilla se hace cada vez más grande y no puedes ni imaginar lo que vendrá ahora, estás a tiempo.

Si estás viva, estás a tiempo.

Pero no perder ni un segundo es de vital importancia. Como la espuma, el récord de maldad de la que un PNI es capaz, será cada vez evidentemente superado. No hay tiempo que perder. Si tu cabeza es ahora un revoltijo de preguntas o si tus ojos parecen fuentes de agua inacabable, aun así no te detengas. Lo que sea o cómo sea, que nada ni nadie se atreva a convencerte de que estás en un callejón sin salida, que nadie te diga que no hay nada que hacer al respecto.

Y sobre todo, que la voz de un PNI no te convenza de que estás bien a su lado y que lo tuyo son problemas que habitan al interior de tu cabeza. No permitas que tu PNI te inculque miedo de mirar por la ventana, que convierta en un infierno lo que te está esperando afuera. No permitas que un PNI te haga olvidar lo que se siente al estar vivo. No permitas que un PNI logre que la palabra libertad se borre de tu diccionario. Un PNI es especialista en el manejo del tiempo, de seguir a su lado, esperará con paciencia hasta que la resignación te anestesie. Y en ese estado, en brazos de la resignación, será cada vez más difícil de que retomes las riendas de tu valiosa vida.

Si tu pareja es un PNI, debes saber que lo que vives no es un examen de resistencia, no es una prueba de templanza, no es una escuela de crecimiento, ni es una circunstancia que te hará mejor persona, ni se trata de una experiencia que debes vivir para salir robustecida, no se trata de estar preparándote para entrar a la lista de canonizaciones, no es una prueba de yoguis, ni un sacrificio que alguien te demande.

Lo que vives no es necesario para nada.

Lo que vives no se debe hacer por nadie.

Comenzando por ti, a nadie le sirve ese sufrimiento, excepto a un PNI. Lo que vives no es justo ni obligatorio. Ni karma ni regalo.

He conocido a personas quienes han acudido con profesionales que no tienen ni idea de cómo apoyar a pacientes víctimas de la psicopatía narcisista integrada. Nadie tiene por qué obligarte a permanecer al lado del PNI, ni a insinuar que tú has sido culpable, ni tampoco decirte que debes agradecer por la experiencia.

Lo que vives habrá de llevarte por un camino de duelo. Por supuesto, hay que vivir y superar las etapas, pero este es un duelo que requiere de un soporte basado en el conocimiento del tema. Has vivido o vives el embate de un PNI, eso no es cualquier duelo. Quienes —terapeutas, profesionales de la salud mental, psicólogos, *coaches* o psicoanalistas—, lo manejen de ese modo, debieran ser enjuiciados por faltas en contra de la humanidad. Has sido o eres víctima de un embate psicopático y el camino de la recuperación es largo y sinuoso, pero tiene salida.

El primer paso es poner en orden los conceptos y mantener, en la medida de lo posible, a salvo tu integridad emocional.

Nunca, el hecho de dar amor, debiera obligarnos a recibir lo contrario. En una relación de pareja con un PNI, habrá quien lo ha dado todo, tú, y quien lo ha desaparecido todo, él.

Es importante reconocer que estás en una orilla y quizá te has dado cuenta de que en el otro extremo, dentro de la misma línea, habita un...

¿Recuerdas cómo comenzó todo?

FASE I

Acercamiento y seducción

2

El alma gemela de nadie

Los primeros años fueron luna de miel, corrijo, *luna llena* y miel sobre hojuelas. Es una frase con la que muchas mujeres víctimas en una relación psicopática narran el inicio de una pesadilla. Piensa en la tuya, ¿cómo comenzó todo? Es natural que hoy muchas escenas se hayan borrado, como si se empalmaran las capas de una cebolla, es una historia que cuando tratas de narrarla se desdibuja de una manera extraña, quizá te sientas identificada con alguna o varias de las siguientes frases…

A lo lejos puedes ver a un hombre casi perfecto, alguien realmente encantador. Casi no lo puedes creer cuando te das cuenta de que ha volteado para verte. Sus ojos se han posado en los tuyos y a partir de ese momento has creído en la magia. Es simpático y lo sabe todo. Posee un magnetismo irresistible. Y lo más increíble de todo es que ha comenzado a cortejarte. De un momento para otro pareciera que el PNI solo tiene ojos para mirarte a ti. Aparece en el lugar oportuno, llama en el momento exacto, hasta llegas a imaginar que, por todo lo que observas y sientes, él siempre está pensando en ti. Una nube de humo ha comenzado a flotar dentro de tu cabeza y, poco a poco, vas perdiendo la noción del tiempo. El PNI es alguien que promete, que envuelve y seduce, no solo a ti sino que intenta seducir a todos a tu alrededor. Las cosas se van sucediendo una tras otra en el carril de la más alta velocidad, te encuentras en medio de una gran autopista, y estás a punto de subir al auto que conduce tu alma gemela.

Tu alma gemela es la persona que capta la atención de todos, que brilla al entrar en cualquier parte, es el hombre por el que muchas mujeres quizá suspiran. Es perfecto a tus ojos. Podría estar con cualquiera y sin embargo, está contigo.

¿Te resuena en algo lo anterior? A todas las víctimas nos ha pasado lo mismo. Nada de qué avergonzarse, el amor es la experiencia más sublime de la condición humana. El problema radica en que un PNI no es receptor adecuado para abrazar el amor de nadie. De nadie. De nadie. **De n-a-d-i-e.** Lo irónico es que logra ser objeto del más puro deseo amoroso de sus víctimas, por ello las elige bien, personas de una gran capacidad para amar y de comprometerse con la relación de pareja. El PNI absorbe hasta la última gota de los sentimientos que le profese su víctima, pero tajantemente él no puede devolver ni un mililitro de lo mismo. Al principio se esfuerza por aparentar y es posible que no hayas notado su teatralidad, sin embargo, al cabo de un tiempo, sus reacciones y palabras, por segundos, casi de manera imperceptible, irán haciendo cada vez más corto circuito con los hechos, con sus acciones.

La experiencia de amor con un PNI es una de las vivencias más devastadoras para cualquier persona.

Durante la etapa inicial, el tiempo corre a su favor. Los minutos se aceleran, los días parecen más llenos que nunca. Con mente fría y visto desde el exterior, hay algo en el tiempo que no concuerda, pero es imposible verlo desde adentro. La velocidad con que un PNI desenvuelve sus artimañas podría ser notoriamente extraña para el mundo entero, excepto para sus víctimas. En este momento, para ellas la realidad se ha inundado de adrenalina.

Esta es la fase primera en el contacto con un PNI y consiste básicamente en el acercamiento y seducción calculada. Ya te ha mirado, quizá desde hace algún tiempo y, por alguna razón, él se ha dado cuenta de que puedes ser una buena opción como objeto a depredar. Eres compasiva, eres linda, empática, entusiasta, estás llena de vida y posees cualidades notables. Eres de esas personas a las que la sonrisa no se les apaga nunca. Eres capaz de amar y darlo todo por las personas a quienes más quieres. Eres alguien sensible. Quizá te gusta bailar, pintar, cantar, quizá escribes poesía o cocinas como los dioses. Tu luz es evidente y aunque hasta ese momento nadie lo hubiera notado, el PNI tiene el poder de detectar ese brillo que te hace especial.

Sin duda, eres una persona llena de energía, empatía y alegría y, por supuesto, alguien de valiosa calidad humana. No lo olvides: ninguna víctima de un PNI es de baja categoría emocional, intelectual o moral. Ellos, ante la propia carencia de estas características, solo les queda exprimirlo en otros. Las víctimas de psicópatas narcisistas integrados suelen ser las mejores personas entre miles, son generosas, bondadosas, entusiastas y llenas de esperanza.

Pero pueden ser también un diamante por descubrir, una persona tímida, temerosa, pero en el fondo con algo que brilla en su alma y en su mirada, y esa belleza que la hace única, es visible a los ojos de un PNI.

Por lo tanto, nunca pienses lo contrario. Eres, en pocas palabras, una buena persona, hay bondad en tus ojos y brillo en tu sonrisa. Resultas ser para un PNI una víctima apetecible.

¿Por qué el PNI elige a sus víctimas con esas características?

Por la simple razón de que él nunca podrá gozar de ese brillo en el alma. Los PNI no tienen las capacidades emocionales de una persona bondadosa.

En esta etapa el PNI se divierte a expensas tuyas, ya que está creando los hilos que le permitirán más adelante, moverte a su antojo, pero tú no lo notas, estás frente a un ser mágico cuya única misión en la vida pareciera que es hacerte feliz a cada momento y para siempre. Eso, el psicópata narcisista integrado te lo dirá en algún momento, mientras con regalos y detalles te va metiendo en una maquinaria que, pasado el tiempo, le permitirá torturarte a su gusto cuando, de acuerdo con su calendario, llegue el día perfecto para hacerlo.

Es muy probable que el PNI que has conocido esté dotado de una buena imagen pública, por lo menos eso aparenta o él mismo te lo habrá hecho saber, notarás que hay mucha gente que lo quiere y admira, por lo tanto, ¿cómo podría ser alguien mal intencionado al acercarse a tu vida?, ni quién pueda imaginarlo.

En el camino, quizá alguna persona observadora y que te quiere tratará de advertírtelo, pero tú no escuchas nada, excepto el canto de sirenas que tu alma gemela interpreta solo para tus oídos. Bastará un poco de tiempo y alguna inversión de su parte para que tú quedes rendida a sus pies.

En esta etapa de acercamiento y seducción, es muy posible que tú te encuentres flotando entre las nubes mientras él se ocupa de analizar y observar cada uno de tus movimientos y reacciones a sus halagos, regalos, palabras. También estará entretenido conociendo tus relaciones familiares e indagando acerca de tus amigos. Dedicará tiempo y energía hasta identificar tus áreas de mayor valor, incluso social y económico. Sabe que alguien como tú, en poco tiempo le servirá de suministro del combustible con el que los PNI se alimentan. Está creando una estrategia, por ello requiere de cuanta información le sea posible.

Qué te gusta, qué sueñas, con qué pareces derretirte en un instante.

Recuerdo bien que mi PNI siempre lo anotaba todo. Ese rasgo no despertó en mí ninguna sospecha, simplemente me parecía original que alguien tomara notas de mis frases y palabras. Mucho tiempo después descubriría que aquellas notas eran la sentencia que le permitía adentrarse en la vida de sus víctimas. Él aducía a su mala memoria la necesidad de escribir palabras, ahora sé que lo hacía para no bostezar —una constante de los PNI es el aburrimiento— en medio de pláticas interminables y quizá también, para no confundir las características y artimañas que debía utilizar con cada persona a quien había puesto en la mira, él hacía apuntes. Un PNI trata simultáneamente con varias víctimas, la infidelidad y el empalme de relaciones es otra de sus principales constantes.

Un PNI, además de víctimas, colecciona admiradores y para ello le es necesario hacerlos sentir importantes mostrándoles interés hasta en los detalles más nimios, las notas le permitían a mi PNI exhibir una memoria sensible, y decir a bocajarro todo lo que cautivara a las personas que estaban a punto de convertirse en parte del club de fans, adeptos y fieles seguidores, o bien, una más en la larga lista de sus «parejas».

Lo hablaremos más adelante, pero cabe mencionarlo ahora: un PNI nunca está ocupado en manipular a una sola víctima, en su vida siempre hay varios prospectos en proceso, es decir, en comunicación y manipulación. Un PNI es un depredador de tiempo completo y 360 grados a la redonda. ¿Te sorprendería si te dijera que un PNI puede seducir incluso a víctimas dentro de un mismo grupo sin que ellas se percaten de la situación? Puede ser dentro de un salón de clases donde él es el sabio y apuesto profesor, en un grupo de amigos cercanos o parejas allegadas, en una compañía de teatro, un taller de dibujo y pintura, y hasta en el interior de un coro de iglesia o de música popular o renacentista.

La variedad es importante para un psicópata narcisista integrado, no mide el peligro porque no teme a casi nada; estar en la línea de riesgo constante le mantiene vivo. El PNI es un líder capaz de hacer sentir únicas y especiales a cada una de sus víctimas y, además, de manera simultánea.

Es importante que lo asimiles de una vez: de un PNI puedes esperarlo todo, por supuesto, pero únicamente lo peor de todo.

Si bien es cierto que cada historia es distinta, el modo de operar de un PNI, se parece mucho entre lo que hace la mayoría de ellos. De acuerdo con investigaciones sociológicas y psicológicas internacionales, los patrones de ejecución son similares entre unos y otros. Esta similitud en la forma de actuar y la manera en la que depredan, así como los rasgos de personalidad que poseen, refuerza los postulados que tratan de comprobar la existencia de una subespecie humana: la de los PNI. Hay grupos científicos avocados a la investigación al respecto, y yo no me atrevería a emitir un enunciado al respecto. Lo que sí, desde la perspectiva de la psicología clínica, concuerdo con las teorías del desarrollo humano que establecen que en un PNI, durante algún momento de su desarrollo temprano (0 a 6 años) algo se trunca, por lo general en medio de un entorno severo y permanentemente hostil, producto de vejaciones y abusos extremos. La condición del PNI no tiene marcha atrás, transitarán la vida siendo de esta manera hasta el final de sus días.

Al estar en contacto con víctimas a quienes acompaño en su proceso de recuperación, he tenido la oportunidad de escuchar muchas historias, el escenario es distinto, las circunstancias también, pero el dolor y la depredación de una personalidad psicopática narcisista integrada es siempre la misma. El dolor emocional y el daño psicológico que causa un PNI es inenarrable.

Un PNI no tiene remordimiento alguno mientras de su víctima va obteniendo con frialdad los detalles más importante e íntimos de su vida, familia, amistades, profesión, así como experiencias de vida y eventos importantes. Con la precisión de un asesino emocional, logra identificar las partes vulnerables de sus víctimas, aquello que han sufrido, las carencias de infancia, fracasos y anhelos no alcanzados. Un PNI presta especial atención a las posibles fallas en el proceso de apego, temores y por supuesto traumas de sus víctimas, todo con el objetivo de convertirse en una figura de salvación. Al cabo de poco tiempo, es muy probable que la persona, debido a la atención desmedida y al bombardeo amoroso, haya comenzado a quererlo.

La probabilidad de que notes lo que está sucediendo es casi nula, tu conciencia estará adormecida por el veneno —en forma de atenciones y actitudes amorosas— que el depredador ha esparcido a tu alrededor. No te lamentes porque esto haya sucedido, quizá no había manera de salvarte. En primer lugar, porque no contabas con información necesaria. La razón por la que una víctima se convierte en víctima es primordialmente porque no está documentada en el tema. Un porcentaje muy alto de víctimas, antes de la experiencia, no tenía ni la más remota idea de la condición psicopática narcisista integrada.

El proceso de educación que tenemos como población, no está dirigido a la autoprotección emocional; los sistemas escolares están cimentados, en una gran parte, en conceptos y conocimientos básicos del saber intelectual o, tristemente, en habilidades y técnicas en beneficio de la maquinaria social y económica actual. Por supuesto, hay programas de educación básica y secundaria que ya operan en la actualidad con algunos cambios. Pero no siempre ha sido así, muchos hemos aprendido la tabla de elementos químicos a la perfección, las operaciones matemáticas, los continentes y capitales del mundo, pero no aprendimos a establecer límites que protegieran nuestra personalidad, ni a gestionar las cientos de emociones que como seres humanos podemos experimentar.

Una persona no debiera ser psicólogo clínico graduado para poder tener los conocimientos básicos de los rasgos de personalidad o para detectar personalidades psicopáticas narcisistas integradas. De la misma manera en la que se nos enseña la herramienta vital de los primeros auxilios para casos de accidentes, todos debiéramos acceder a la gama de conocimientos en torno a la seguridad emocional, que abarca la inteligencia emocional postulada en 1990 por Salovey y Mayer y luego difundida mundialmente en 1995 por Daniel Goleman. La inteligencia y primeros auxilios emocionales, bien pueden integrarse a la educación humanista tanto en las instituciones públicas como en las privadas, y no solo dejarlo a la posibilidad de aprendizaje al interior del núcleo familiar.

Hasta ahora nadie nos había avisado con un grito de alarma: ¡PNI a la vista!

Por fortuna la difusión del tema está creciendo como espuma.

Hasta hace poco no se había estudiado el término PNI a pesar de que la historia muestra su presencia legendaria entre los ámbitos de la cotidianidad en el mundo entero. Ya lo he mencionado con algunos ejemplos literarios, y estoy segura de que si le preguntáramos a nuestros abuelos, estarían dispuestos a narrar terroríficas historias de personas allegadas con esta condición psicopática. Los PNI han existido siempre, lo que sucede es que la ciencia no les había asignado un nombre, ni tampoco se había animado a diseccionar sus características y modos de operar. La psicología no había tenido tiempo ni valor para seguir sus pasos y prevenirnos del peligro que representa tener a un PNI cerca.

Otra causa de la poca difusión del tema podría ser lo que llamamos «tener el enemigo en casa». Los PNI están dispersos como granos de sal entre la arena, pueden fácilmente pasar desapercibidos y por ello son todavía más letales. Tenerlos tan cerca ha dificultado las cosas, es necesario poner distancia para analizarlos de manera objetiva.

Entre la realidad de nuestras historias familiares o las de nuestros allegados pueden habitar personajes que se caracterizan, entre otras cosas, por un sentimiento de grandiosidad exacerbado y egocentrismo, y que avanzan sus pasos en medio de una gran nube de endiosamiento. ¿Tienes rostros en mente?, es muy probable que se trate de un PNI.

Lamentablemente, los PNI encubiertos tienen a su alrededor mucha gente que los quiera y los admire, pero por fortuna, las máscaras en ellos no están tatuadas, son frágiles y sobrepuestas. Además de la gente que los adula, existen también otros, quienes posiblemente han sido depredados, que pueden mirar de cerca el vacío y la nula humanidad que habita al interior de los PNI.

Pronto abordaremos la fase del proceso denominado bombardeo amoroso, pero mientras lo hacemos, dedica unos minutos para pensar en cómo fueron esos primeros momentos en que el PNI y tú estuvieron en contacto. Tal vez hubo algo que encendiera de un segundo a otro su atención hacia ti, como si su radar interno de pronto se detuviera por haber detectado algo que le pudiera ser de utilidad.

Un día no existías y al siguiente lo eras todo en el campo de su visión.

En un PNI es común que su primer acercamiento con sus víctimas sea con la excusa de pedir ayuda en algo particular como: aclarar una duda en lo que te hizo parecer como una persona experta, solicitar las indicaciones para encontrar una dirección, apoyo en el uso de un dispositivo o aplicación tecnológica, lo que sea, es lo de menos.

Al cabo de unos minutos te diste cuenta de que ya charlaban animadamente, nunca antes te había sucedido con alguien más. De un tema pasaron a otro y lo demás puede ser historia. No puedes recordar ni cómo ni cuándo quedaron para verse de nuevo, pero de un día para otro estaban reunidos en un café, de un momento a otro en tus rutinas habituales, el PNI comenzó a hacer sus mágicas apariciones.

Test breve de alma gemela

Responde con SÍ o NO, reflexionando en torno a los primeros tiempos de la relación:

TEST	NO	SÍ
¿Cómo por arte de magia, en las primeras conversaciones fue frecuente la presencia de coincidencias y similitudes en gustos y preferencias?		
¿De manera excesiva y constante recibiste de su parte halagos y cumplidos verbales?		
¿Parecía que esa persona no se cansaría nunca de escucharte y mirarte detenidamente?		
¿La intensidad de sus preguntas a veces te resultó incómoda?		
¿Al poco tiempo de conocerse surgió entre ustedes el concepto de alma gemela?		

Contestar estas cinco preguntas puede resultar abrumador, el hecho de viajar a los primeros acercamientos del PNI, posiblemente te hará caer en cuenta de la realidad de sus intenciones y quizá nunca antes habrás lamentado tanto el hecho de no saber algo, de no poseer información puntual respecto a un determinado tema. Las emociones que en este momento te invadan son todas válidas; el enojo, la ira, el dolor, la tristeza, la incredulidad, el sentimiento de traición, podrían llegar en cascada al igual que las lágrimas. Lo que ha pasado ha sido así y no hay manera de cambiarlo, llora todo lo que sea necesario y luego respira hondo. Ser víctima no ha sido culpa tuya. El dolor es una muestra de que estás viva.

Si tu pareja es un PNI con seguridad habrás acumulado cinco SÍ's. No hay mucho que interpretar, pero sí mucho que hacer al respecto. El camino de la recuperación pronto se abrirá ante tus ojos, su recorrido quizá no te resulte fácil, pero lo cierto, y lo mejor de todo, es que hay camino.

Y me gustaría que reflexionaras con especial atención en la cuarta pregunta referida a la posible incomodidad que pudo haber generado en ti la intensidad de sus preguntas. La intuición es el mejor regalo que como seres humanos poseemos, sin embargo, a veces, vamos haciéndola a un lado; el ruido, el ego y la velocidad mundana son algunas de las muchas causas. La intención de resaltar esta pregunta en el test no es para machacar el hecho de no haber atendido esa posible incomodidad. Todo lo contrario, es básicamente para pedirte que, en el proceso de tu recuperación, y si es posible de ahora en adelante, abraces y honres su voz.

El poder de la intuición es un aprendizaje propio del ser humano empático, algo sumamente valioso porque complementa al conocimiento racional. Nos sirve como una especie de ángel de la guarda o base orientadora, en todos los ámbitos de nuestra vida. Si has vivido o estás viviendo el huracán psicopático, la intuición habrá bajado un poco su volumen, pero con la práctica y la calma necesaria, poco a poco irá de nuevo haciéndose escuchar para tu propia seguridad y beneficio.

FASE II
Bombardeo amoroso

Uno puede defenderse de los ataques; contra el elogio se está indefenso.

Sigmund Freud

3

La ilusión del amor

De la mano del depredador has dado los primeros pasos. Te encuentras ahora en campo minado, eres víctima de un bombardeo amoroso. A través del acercamiento y seducción, la implantación de la ilusión del amor ha dado resultado. En esta etapa la idea de un alma gemela está instalada fuertemente en tu pensamiento. Nunca lo hubieras creído posible, sin embargo, la función ha comenzado y ser protagonista de una historia como la que vives, resulta muy halagador.

Pasaste la prueba y él sigue aprobando el examen con honores.

Ha logrado un cien en seducción, tú estás volando alto, el PNI para este momento ya conoce a la perfección cada una de tus reacciones a sus movimientos. Ha creado una estrategia, para ello requería cuanta información le fue posible. Ha detectado en poco tiempo qué te gusta, con qué pareces derretirte en un instante. Ramos de jazmín, chocolates, tu automóvil lleno de globos de colores, sus brazos ofreciéndote un abrazo, hojas en blanco, un caballero que abre puertas a tu paso, cuadernos de escritura, alguien que te acompañe a una cita médica, conciertos de música clásica, una mascota, cartas de amor como sacadas de una obra literaria, café caliente para lo más crudo del invierno, lienzos y pinceles, una mano que te ayude a levantarte, plantas aromáticas, poemas escritos solo para ti, plumas de colores, barcos de papel, clases de francés, un pañuelo que te enjugue alguna lágrima, libros o tickets de viaje, novelas de terror o de aventuras, una rana hecha de hojas secas, un beso en la palma de la mano, una silla cómoda para trabajar, unos ojos atentos que te escuchan incansablemente mientras hablas, paseos al aire libre tomada de su mano, palabras bellas, palabras de amor, muchas pero muchas palabras… Un efecto mareador ha dado en el blanco de tus sentimientos.

¿Qué anhelas? Sea lo que sea, el PNI lo tiene todo en el bolsillo, listo para ofrecértelo. Nunca habías conocido a alguien así, pensabas que no existía nadie que llenara a la perfección todos tus huecos emocionales y que te hiciera realidad cada uno de los sueños que a lo largo del tiempo habías acumulado.

Lo sabes bien, al inicio de toda relación amorosa es normal y común percibir una fuerte carga de emociones positivas, el enamoramiento incluye ilusión y detalles románticos. La conquista es un proceso natural y mutuo en una pareja en la que evidentemente ambos desean agradar. El afecto y la empatía surge en ambos poco a poco. Las sorpresas forman parte de la vida de una pareja que ha comenzado a conocerse y reconocerse como tal. Con un PNI las cosas no funcionan así. El camino tradicional ha sido descartado.

Con él, las cosas son distintas, esto sobrepasa cualquier expectativa, ya que, cuando en la relación que comienza hay un narcisista, las cosas se potencian. Todo parece desbordarse. El amor del que eres objeto pareciera estar a punto de asfixiarte. Las preguntas llegan a tu interior… ¿quién no desearía ser amado?, pero ¿de esa forma tan exuberante?, y ante nuevas y más preguntas e intentos de raciocinio, cierras las puertas y ventanas de tu propia lógica y no te detienes a pensar más en el asunto. ¿Lo ves?, sin darnos cuenta vamos bajando el volumen de la propia intuición.

El bombardeo de amor incluye detalles y muestras de afecto maquillados, que suceden en la etapa temprana de la relación y de un modo exorbitante. Pareciera que el PNI te amara por sobre todo, y difícilmente te harás estas preguntas: ¿aun antes de conocerme?, ¿al cabo de unos cuantos días?

Si él te dijo que te amaba desde todas las etapas anteriores, es decir, que había esperado conocerte desde el principio de los tiempos, es muy probable que se lo hayas creído, aunque ahora mismo esa idea te haga soltar una sonora carcajada. A un PNI, por un tiempo, se le cree casi todo, él sabe cómo lograrlo. Cuando mires atrás, eso te resultará absurdo.

El bombardeo es una técnica de manipulación. El PNI se mostrará amoroso y caballero, es evidente que está invirtiendo dinero y tiempo. Es una farsa. Quizá desea convertirte en su fuente principal del combustible. Con el elogio prepara el terreno para usarte de algún modo específico. Un PNI no hace un favor sin calcular ganancia.

El PNI analiza y observa hasta estar seguro de que la víctima ha sido ganchada. Aquí hay un proceso bioquímico y es que los neurotransmisores harán que la víctima se sienta tranquila. La «relación ideal» libera oxitocina y la víctima se siente enamorada, segrega toda clase de hormonas a través del buen sexo, inolvidables momentos, gran cantidad de detalles y regalos a manera de un coctel para crear en ella, adicción.

Para el PNI, la etapa del bombardeo amoroso es el momento de sacar el espejo con el cual parecer un alma gemela y, aunque con el paso del tiempo van afilando su capacidad depredadora, ellos cada vez actúan pensado más fríamente. Un PNI se esmera con lo que considera vale cada víctima, es cierto que han tenido muchas «parejas» y seguirán teniéndolas, pero ellos son como coleccionistas, realizarán meticulosamente el proceso de encantamiento para luego, simplemente, guardarte en el armario mental de los trofeos, y a otra cosa, mariposa. Los PNI coleccionan víctimas.

En una relación de pareja, cuando una de las partes tiene alguna intención oculta, no hay marcha atrás, algo no irá bien. En una relación psicopática hay señales que saltan a la luz, pero que la víctima no logra identificar de primera mano.

Un ejemplo de ello podría ser cuando el PNI da a entender a las primeras de cambio un alto nivel de compromiso en la relación ¡que apenas ha nacido!, un compromiso que no va en proporción con el tiempo ni con el número de citas que han tenido. Un PNI puede traer sus maletas listas para mudarse contigo al final de su segundo encuentro. Si miras hoy hacia atrás, podrás ver que, en las etapas iniciales, se trataba de una estrategia muy bien calculada.

La etapa de conquista por parte de un psicópata narcisista integrado es excesiva. El factor cantidad y la desmesura son elementos que no debemos pasar por alto. La advertencia muchas veces expuesta en los comerciales de bebidas alcohólicas, «nada con exceso, todo con medida» queda, en una circunstancia de pareja con un PNI, a la inversa. «Nada con medida, todo con exceso». En esta etapa hay mucho de todo.

Cuando la intensidad aumenta cada semana, los regalos ya no caben en casa, los encuentros, las llamadas y mensajes suman decenas al día y tú empiezas a abrumarte, es una bandera roja para atender con urgencia. Resulta fácil caer en el halago del narcisista, sobre todo, porque es muy probable que él se haya acercado a ti oliendo una particular vulnerabilidad, una necesidad latente en tu interior o simplemente tomándote desprevenida emocionalmente.

El narcisista no te dejará observar, pero lo que en fondo se vislumbra en un bombardeo amoroso, es una clara persecución egocéntrica y desesperada que él ha desatado con el objetivo de apropiarse de tu total atención. Y ¿para qué quiere un PNI la atención absoluta de sus víctimas?, para inflar su ego, que por cierto, es insaciable.

Podrías estar frente a un narcisista y transitar la etapa de un amor que de ser cierto entraría directo y sin escalas al récord Guinness, algo en el ámbito de lo casi perfecto. El amor idealizado y sublime que ha nacido a las pocas semanas de que tú y tu pareja han estado en contacto, tiene nulas probabilidades de ser verdadero, ya que está lejos de la ternura y del afecto sincero. Para un PNI cada nueva víctima es como un juguete reluciente, fuera del aparador, y totalmente a su alcance cuando esta ya le dedica toda su atención.

En esta etapa pareciera que te encuentras bajo un gran reflector, el PNI ha extendido su alfombra roja y caminarás a paso veloz en ella.

En el desarrollo normal de una relación de pareja, los detalles, incluso los obsequios están presentes, buscando recíprocamente hacerse sentir queridos y apreciados, pero todo esto se vive poco a poco a través del tiempo. Lo que al cabo de un año, representaría una total muestra de amor, en el transcurso de la primer semana o mes, es una absoluta bandera roja.

En una relación con un PNI los regalos existen para manipular y alcanzar los fines particulares y oscuros que el depredador busca obtener de la víctima. Para el PNI, los demás siempre representan algo en su beneficio, quizá dinero, atención, halagos, admiración, refuerzos para su imagen, sexo, acceso a círculos sociales o culturales en los que desea incursionar, la posibilidad incluso de nuevos contactos. Es común que un PNI tenga públicos extensos, amplios, ya que él es como una araña precavida que vive tejiendo sus hilos por todos lados. No puede permanecer solo, la soledad y el silencio lo hunde en un vacío que a un PNI debilita de una manera muy particular.

No hay un molde en el que podamos establecer cómo deben ser las parejas, pero sí cabe mencionar que una personalidad madura y segura de sí misma no requiere demostrarte todo su encanto ni establecer contigo una relación instantánea. El amor de microondas no se parece en nada al amor de crecimiento lento, el primero es un género amoroso imitando —burdamente— a una película romántica. La velocidad, en la medida en que se incrementa, con la que avanza una relación amorosa representa una señal de alarma importante, es uno de los factores que brindan claridad y certeza cuando te encuentras en el proceso de ponerte a salvo de una persona tóxica y fuera de una relación abusiva. Un PNI no podrá nunca ofrecerte amor verdadero ya que, en la dimensión que habita, el amor es algo desconocido, inexistente.

El amor a primera vista —equivocadamente llamado así—, tiene grandes riesgos. En los cuentos infantiles ese peligro ha quedado oculto en cada uno de los finales que rezan …*y fueron felices para siempre.*

En tu mente las ideas revolotean igual que las mariposas que se han apoderado de tu estómago. En el centro del universo y entre tus cejas solo habita el PNI. Todo lo demás se va desenfocando hasta convertirse en un paisaje de fondo, una imagen muy lejana.

La adulación no para, él dirá todo lo que siempre habías querido escuchar. Y tú estás siendo manipulada psicológicamente para creerlo todo.

El desasosiego interior intenta alertarte, sabes que algo está raro, observas actuaciones que podrían ser parte de una obra de teatro de poca calidad artística. Pareciera que todo lo que vives con el PNI ha sido previamente ensayado por él, pero, por otro lado, el sentirte tan especial te lleva a pensar que eres una persona afortunada. La pasión y la intensidad de cada momento te recuerda que nunca habías vivido un amor así y estás casi dispuesta a que ese amor, a partir de ese momento, forme parte definitiva e inamovible de tu vida.

Mientras el PNI está tendiendo una trampa, tú estás desplegando todos tus afectos hacia él. Te encuentras en proceso de un enamoramiento real, en poco tiempo pensarás que estás frente al más grande amor que podrías haber imaginado. En tanto eso sucede has ido depositando en él un fuerte apego, de manera natural, pero también desproporcionadamente. Has llegado a confiar en la persona con quien ahora crees contar al cien por ciento de manera incondicional para el resto de tu vida. En poco tiempo te has sentido apoyada como nunca y estás dispuesta a corresponder y brindar lealtad absoluta al PNI. Incluso, si notas algo fuera de lugar, los mecanismos de defensa harán que permanezcas a su lado. El apego se ha instalado fuerte. Frente a cualquier ligero vislumbre de la realidad has comenzado a racionalizar y a evadir, para que la supuesta perfección de esta persona se amolde a lo que siempre habías anhelado. No estás en la zona de no juicio de la que hablamos hace unas páginas, por el contrario, estás en la zona en la que se agrandan las cualidades y se enaltecen los detalles hasta las nubes.

El apego es una vinculación afectiva intensa, duradera, de carácter singular, que se desarrolla y consolida a un momento, objeto o, como en este caso, entre dos individuos. El apego resulta de interacciones recíprocas y tiene por objetivo, la búsqueda y mantenimiento de proximidad en momentos de amenaza. Proporciona seguridad, consuelo y protección. John Bowlby, psicoanalista inglés, fue el pionero de la Teoría del apego.

En las relaciones de pareja, crea un espacio en el que ambas partes al cabo de un tiempo —alrededor de nueve meses—, se sienten seguros de que la otra persona estará ahí de manera incondicional. Gracias a este estado emocional surge la empatía, la comunicación profunda y, por supuesto, el amor entre dos personas.

Un PNI se aprovecha del apego para crear en sus víctimas un lazo psicopático del que tirarán en esta etapa, con suavidad, pero a medida que avance el ciclo lo harán cada vez de manera más despiadada. Ellos saben lo que sigue, quizá por instinto, quizá por innumerables experiencias previas, lo cierto es que al elegir a una víctima han lanzado el ancla que para ella podría representar el más grave de los peligros que enfrentará a lo largo de su vida. El daño al apego en una relación de abuso psicopático es de los peores dolores emocionales que experimenta un ser humano.

A la puerta de tu corazón ha tocado lo que para muchas mujeres representaría un amor perfecto. Al verte tan radiante, incluso habrá quienes te digan que la suerte por fin te ha alcanzado. En perspectiva, todas las historias de amor que conoces o que has vivido, se ven reducidas a migajas o dibujadas a manera de una simple caricatura. La historia de amor que ahora vives está escribiéndose con mayúsculas.

Si estás a tiempo, si ahora mismo vives algo parecido al bombardeo amoroso, poner límites es lo que toca. Quizá no sea el amor, sino un abusador psicológico quien está tocando a tu puerta. Y con un PNI cerca, todo asunto puede convertirse en cualquier cosa, pero nunca estaremos hablando del verdadero amor.

Por desgracia para las víctimas, en la etapa del bombardeo amoroso el PNI lo apuesta todo, no se permitirá perder a quien ha puesto en su mira. Eso las coloca cada vez más cerca de sus tentáculos. Cada una de sus acciones estará milimétricamente calculada para alcanzar su cometido.

A lado de un PNI, una vez transcurrido el proceso de enamoramiento, hay una probabilidad muy alta de que en ti se haya detonado el sentimiento amoroso más profundo, y será lo que lleve a sortear todas las dificultades de la relación, pensando que se trata de una historia diferente y especial.

Desafortunadamente, para salir indemne, una vez que el PNI ha puesto sus ojos en una víctima, es necesaria la información detallada de este tipo de personalidad, de sus formas de actuar, sus artimañas, sus estrategias y, sobre todo, de su enorme capacidad de mimetizarse ante el entorno de la víctima. La advertencia de Robert Hare persiste a pesar de los muchos años a los que ha dedicado sus investigaciones, lamentablemente no hay opción sino la de «si estás frente a un psicópata narcisista, no te detengas, corre».

Me encantaría decirte: no temas desacelerar la velocidad de la relación, o retírate cuanto antes, y que esto fuera una solución tangible. Pero pocas víctimas salen del ciclo en esta etapa, lo que sí, es muy poco probable que alguien se convierta de nuevo en víctima una vez que ha comprendido el entramado psicopático.

El PNI ha tocado teclas importantes en el psiquismo de su víctima, una de ellas es la de saberse amada y correspondida por el objeto de su amor. La estrategia que ha utilizado es la adulación. No hay una ley que la prohíba, así que la manera de abordarla es directamente con la víctima. Cuando una persona es adulada patológicamente como lo hace un PNI, en ella puede detonarse un rechazo automático o bien un encantamiento hipnótico. ¿De qué depende cada una de estas reacciones? No es una sola, son muchas y particulares, pero una de ellas muy importante: la confianza que se ha depositado en el adulador. Una víctima confía porque ha comenzado a amar.

No podemos evitar que alguien intente adularnos, pero sí podemos estar a cargo de las reacciones interiores que en nosotros se detonan. Conocer de nuestras carencias afectivas puede ser un buen escudo para repeler psicópatas narcisistas integrados. Si has pasado o vives hoy en una relación de abuso psicopático, a través de las siguientes preguntas podrás explorar el efecto que tuvieron en ti durante la etapa del bombardeo amoroso.

Test breve: Termómetro cantos de sirena

Responde con SÍ o NO, reflexionando en torno a la manera en que te hicieron sentir las palabras aduladoras del PNI al inicio de la relación.

TEST	NO	SÍ
1. ¿Alguna vez te habías sentido tan confortable con una persona que recién conoces?		
2. ¿Saberte escuchada te pareció una novedad? ¿Hasta ese momento te habías sentido poco admirada como ser humano?		
3. ¿Fue grata e inmediata la sensación de saberte aceptada y reconocida?		
4. ¿Te pareció sorprendente los gustos afines en temas variados?		
5. ¿Las palabras del PNI encendieron de alguna forma tu vanidad?		
6. Pensándolo bien, ¿las adulaciones iniciales que recibiste del PNI eran vagas e inespecíficas?		
7. ¿Fue como ganar la lotería, de pronto cumplidos gratis y a borbotones?		
8. ¿Surgió en ti una adicción o alegría desconocida a escuchar palabras lindas acerca de ti y tus actividades?		

El orden de las preguntas nos permite saltar de un ámbito a otro y revela datos de la situación emocional que vale la pena analizar una a una. Mostraré los puntos de reflexión en cada punto, quizá te sientas identificada o bien te permita agregar tus propias conclusiones.

1. Aquí un SÍ revela por un lado la posible ingenuidad que una persona posee, la ingenuidad es un adjetivo en apariencia inofensivo o propio de la edad infantil, pero tratándose de personas adultas muestra la incapacidad de establecer límites al primer contacto.

2. La clave está en la palabra novedad, el SÍ habla por sí solo para mostrar una carencia de atención y de valoración, pero no todo recae en el exterior, muestra también el grado de valor que la persona se otorga a sí misma. Cuando esto no lo tenemos claro conceptualmente, se corre el peligro de que, a mayor duración o grado de la carencia, mayor será el recibimiento inconsciente a la acción que la compense.

3. La necesidad de aceptación y reconocimiento habita en la mayoría de las personas en un grado relativo, somos seres sociales por naturaleza. Cuando carecemos de aceptación y no lo sabemos de manera concreta, nuestras emociones actuarán a manera de esponja para absorberla en cualquier momento o circunstancia. Un SÍ en esta pregunta nos lleva a reconocer el anhelo a volver a las etapas iniciales de la vida cuando las sensaciones sensoriales eran lo único importante de satisfacer.

4. El pensamiento mágico puede hacer malas jugadas. Sucede cuando de manera casi impulsiva deseamos completar la historia complaciendo a nuestra imaginación, armar el rompecabezas del que ya hemos hablado. La imaginación no es lo mismo que la creatividad. La primera puede llevarnos a sitios peligrosos, la segunda puede ayudarnos a salir de ellos. En este apartado un SÍ muestra la imaginación desbordada y de nuevo la necesidad de aceptación externa, como si se detonara una especie de felicidad al saber que alguien pueda ser en algo parecido a nosotros.

5. El ego es una de las puertas que un psicópata narcisista integrado tocará en algún momento. Cuando la vanidad es desatendida dejamos sueltos los hilos para que el PNI nos mueva a su antojo. Es importante agradarnos, sabernos atractivos en la unicidad de nuestro estilo e imagen, estar contentos con nuestros logros y afanes. Un SÍ puede mostrar la manera en que nos tornamos ciegos sin cerrar los ojos. Que nuestra vanidad esté en manos de otros es la cuerda invisible que puede llegar a ahorcarnos.

6. Un SÍ nos confirma la actuación premeditada del PNI, tira anzuelos para ver de qué zona emocional obtiene respuesta. Y lo más importante: que ahora puedes verlo. Es importante mirar de frente las formas de actuar del PNI. Es común en una etapa del ciclo psicopático que las víctimas se nieguen a ver el fondo malintencionado de las acciones de su pareja. Si dudaste al responder esta pregunta conviene inspeccionar cuáles beneficios inconscientes aún le otorgas a esa persona.

7. y 8. El SÍ en estos dos reactivos nos revela información acerca de la magnitud del bombardeo amoroso y de la manera en que, sin darte cuenta, abriste paso al PNI para que ingresara por la puerta grande directo a tus emociones.

Es un ejercicio interesante y también un tanto rudo. No es fácil reconocer lo que nos hace vulnerables. El camino fácil es desde la óptica infantil, «prefiero que me apapachen aunque esto pueda ser falso o momentáneo». Pero la senda del cambio va por aquí, «estoy a cargo de mis carencias y hago lo necesario para repararlas y fortalecerme».

Estar frente a un PNI que se empeña en adularte, puede sacar de balance a cualquiera. Por ello es importante trabajar en el amor propio sólido y maduro, es la mejor manera para descubrir a tiempo este tipo de trampas. Quienes se conocen lo suficiente son capaces de saber cuándo en verdad se les está reconociendo un atributo y cuándo, simplemente, alguien está intentando timarle.

Buscar reconocimiento o admiración a través de los ojos de otros, es caminar en cuerda floja, lo mismo te toparás con buenos mentores, amistades valiosas, una pareja amorosa, que con los psicópatas narcisistas integrados más feroces. Tu autoestima no está cotizando en el mercado de valores para ser llevada a la alza, ese es, por siempre, un trabajo personal e intransferible.

4

De un lugar a otro, manipulación emocional

Y de pronto un día, sin darte cuenta de cómo, el resplandor de tu alma gemela comienza a ser irregular. Un continuo prende y apaga. Como si la intensidad de su batería hubiera bajado de nivel. El refuerzo intermitente ha llegado a tu relación. Tu pareja perfecta comienza el juego: te da y te quita. Te trata bien y luego mal. Es amoroso hasta la esquina de enfrente y luego, sin más, se torna indiferente.

Aquí comienza la confusión en tu cabeza. En este punto eres capaz de darte cuenta del cambio, pero le das el beneficio de la duda. No puedes creer que esto sea real. «No puede estar pasando, esto no es real, debe haber algún error», frases como estas aparecen en tus pensamientos y tiendes a culpar a tu propia percepción.

En esta etapa sucede algo por demás triste y cruel: el PNI actúa de esta manera para crear adicción en sus víctimas. Así es como se genera la adhesión al consumo de alcohol o cualquier tipo de drogas. Además, el PNI se vale del método de castigo para hacer que sus víctimas entren en confusión y se pregunten constantemente qué es lo que ellas han hecho mal para que su pareja actúe de determinada manera.

El caos interno se incrementa. La víctima no puede creer que alguien que pensaba que era casi perfecto, ahora actúe unas veces retraído y otras malhumorado. La actuación del PNI en esta etapa es pervertida y maliciosa como lo es él en todo su ser.

La primera vez que sucedió esto en mi relación fue después de una discusión en la que el enojo de mi PNI había escalado de una manera inexplicable y en pocos minutos yo era la culpable de todo lo sucedido y de pronto, en medio de gritos y una ira exacerbada, el motivo de la discusión cambió drásticamente de dirección. Al principio pensé que estaba en medio de una mala broma, pero no, y realmente yo no entendía qué estaba sucediendo. De ahí siguió el tratamiento silencioso, se ausentó por dos o tres días y reapareció como si nada hubiera pasado, ninguna pizca de enojo encima y notablemente encantador como en los primeros días de conocernos.

A partir de ahí los chispazos de enojo poco a poco se fueron convirtiendo en incendios, yo pensaba que si no me involucraba en el enojo las cosas se solucionarían; evadía o cambiaba de tema cuando percibía que estaba a punto de desatarse un problema. Trataba de llevar la relación de un modo ligero y divertido, sin darle peso a esos inicios de disgustos. Al principio funcionó —eso pensé—, pero luego, las provocaciones de su parte fueron en aumento.

Durante la etapa del refuerzo intermitente, el PNI observa la medida de tus reacciones, está comenzando a recibir el combustible que anhelaba y al mismo tiempo se asegura de mantenerte cautiva, adicta más bien.

Tú lo quieres sinceramente, se ha convertido en parte importante de tu vida. No imaginas la vida sin él y lo incluyes en todos tus planes presentes y futuros.

A pesar de las dudas que te inquietan, sigues adelante. Tu sentido crítico comienza a reblandecerse, buscas ver la cara más bonita de la moneda.

Poco a poco comienzan a filtrarse los momentos difíciles, alternados con fogonazos de bombardeos amorosos cada vez más débiles, disminuidos. Te sabes comprometida con la relación, y piensas «es normal que suceda esto, (se trata de una relación aparentemente ideal), todas las parejas tienen problemas». Tus sentimientos por el PNI son fuertes y bien fundados.

Para el PNI solo ha comenzado la fiesta, saborea la diversión gota a gota. Sabe bien lo que te duele y también los detalles que te hacen inmensamente feliz. Es capaz de revisar los cuadernos de sus notas, con el fin de continuar el espectáculo.

El bombardeo de amor ha sido para ti como una gran copa de tu postre favorito, el PNI se ha esmerado en hacerlo todo a tu gusto, con la imagen por delante de lo que más anhelas. Incluso, has llegado a pensar que la vida había tardado mucho tiempo en permitir que conocieras a alguien así.

Pero ahora en esta etapa extraña las cosas salen a la luz. Sepas o no de su condición psicopática, estás conociendo la verdadera personalidad de un narcisista.

De manera sistemática, cuando el PNI consigue lo que quiere, irá poco a poco, introduciendo a la víctima a una realidad que se irá tornando cada vez más gris.

Durante esta etapa de problemas, una de las armas que utiliza el PNI es el flujo verbal extremo, es un mareador con sus palabras, tú lo quieres y nuevamente estás en modo de creerlo todo. Y él, en modo de prometerlo todo. ¿Una escena de la obra de Juan Rulfo?, no, lo que sucede es que un PNI utiliza las palabras como una araña tejería su telaraña, para que ninguna de sus víctimas pueda salir de ahí con vida.

Al paso del tiempo te darás cuenta de que sus palabras y sus actos no concuerdan, pero en ese momento lo que le interesa al psicópata narcisista integrado es hipnotizarte en medio de una nube de humo y magia.

En toda relación psicopática el bombardeo de amor pudo durar días, semanas, meses o incluso años. Ahora el juego es la intermitencia. Luego te darás cuenta de que esta estrategia forma parte de un ciclo maquiavélico. En poco tiempo, una especie de rueda de amor/odio estará girando sin parar. Sin embargo, mientras seas de alguna utilidad para el psicópata narcisista integrado, la relación puede extenderse de manera interminable.

«Calladita te ves más bonita», sería una frase que como anillo al dedo viene a cuento, y que el PNI desearía que utilizaras, con frecuencia te hará pensar que al falso estuche de monerías no tienes nada que reprocharle, ¿por qué tendrías que hacerlo? «si lo único que hace es complacerte». El PNI absorbe combustible cuando tú reaccionas a sus nuevas actitudes, descortesías, faltas de atención, olvidos premeditados, pero a las pocas horas o días intenta con su mejor cara, equilibrar la relación. Una de cal por otra de arena. Durante el refuerzo intermitente el PNI se dedicará a observar y, sobre todo, a medir la elasticidad de tu liga emocional, querrá saber hasta dónde estás dispuesta a tolerar. Ha elegido a una persona empática y quiere saber de qué estás hecha.

Es posible que ahora recuerdes cómo, en la etapa inicial, durante la conquista, escuchabas la tenue voz de tu intuición que te decía algo así: *¿no es esto demasiado?*, *¿excesos con olor a teatro?*, sin embargo, el propio ego puede hacernos una mala jugada y cambiar de rumbo hacia otros pensamientos: *por supuesto que lo merezco, por fin el alma gemela que buscaba, «date el permiso», la vida es ahora...*

Durante esta etapa los pensamientos y emociones se convierten en una gran ensalada. Por un lado el juicio, la razón, el pensamiento objetivo, por otro, las emociones exacerbadas, las experiencias que nunca antes habías vivido, la felicidad al grado de euforia pura. Ante las posibles dudas que puedan asomarse en tu mirada, el PNI tendrá todo tipo de discursos preparados, *«que si no sabes disfrutar de lo bueno»*, *«que si un trauma no te deja ser feliz»*, *«que si tienes sentimientos de culpa»*, *«que él solo busca hacerte la más feliz de entre todas las personas que habitan sobre la faz de la tierra»*.

La estrategia del refuerzo intermitente funciona en beneficio del PNI, ya que la manipulación emocional será una de las herramientas que utilizará a partir de ahora. El depredador logra distorsiones con la intención de obtener algo en beneficio, esta es una forma de maltrato psicológico.

En toda relación psicopática existe claramente un desequilibrio de poder, a través de la manipulación emocional siempre hay un mismo ganador y perdedor, un desequilibro donde las víctimas son las últimas en poder ver la situación de manera objetiva. El PNI se encarga de crear confusión para seguir obteniendo el combustible a través de reacciones emocionales con fundamentos reales. La víctima sabe que algo no funciona bien, pero no alcanza a vislumbrar las intenciones del PNI. Sin embargo, en ella se va instalando la sensación de que es ella la culpable del cambio. El PNI, de manera sutil, durante los breves bombardeos amorosos va sembrándole esa creencia.

En el siguiente capítulo hablaremos de la personalidad del psicópata narcisista integrado, pero antes quiero que identifiques algunas de las frases y actitudes a las que un PNI recurre con frecuencia. Extiende ambas listas, con las frases de tu PNI, verás que en el fondo el contenido de chantaje y/o amenaza sutil es el mismo, aunque la forma varíe de un individuo a otro.

Estas son algunas frases que un PNI despliega ante sus víctimas con el fin de hacerlas sentir culpables:

- *Las cosas no van bien, habremos de replantear la situación.*
- *Si me hicieras caso esto no habría pasado.*
- *Si sigues así, no lo voy a tolerar.*
- *Has cambiado mucho.*
- *¿Estás cansada o qué es lo que pasa?*
- *Ahora eres muy desconfiada.*
- *No es para tanto.*
- *Si me quisieras no discutirías por nimiedades.*
- *Ahora resulta que soy mentiroso.*
- *Me siento aburrido.*
- *Yo no tengo la culpa de que los demás me busquen tanto.*
- *Si de verdad me quieres, confía en mí.*
- *Intenta ponerte en mi lugar.*
- *Creo que no me entiendes para nada.*
- *Yo pensaba que eras de otra manera, no sé, más empática.*

Por tu parte sabes que los problemas que han surgido son tangibles y reales, por lo tanto, tu malestar está más que justificado cuando en el PNI observas, por ejemplo:

- Frecuentes cambios de humor
- Actitudes de exasperación
- Distracciones mientras le cuentas algo para ti importante
- Frases indirectas para mostrar aburrimiento
- Cambios de opinión sin motivo ni aviso
- Frases amenazadoras disfrazadas de afecto
- Omisiones aparentemente inofensivas
- Espacios de silencio y redirección de la conversación
- Llegadas tarde sin aviso
- Mentiras pequeñas, grandes, absurdas o malintencionadas
- Pasa mucho tiempo en el móvil

La comunicación se va trastocando, ya no resulta tan fácil resolver las cosas conversando, pareciera que el PNI se esmera en distorsionar el proceso de información. Poco a poco, te vas dando cuenta de que no puedes expresar lo que sientes sin el temor de que el PNI lo malinterprete. Comienzas a ceder en pequeñeces con tal de evitar las discordias entre ustedes, pero cada vez te cuesta más pasar desapercibido un cierto mal sabor que en ti se va instalando, aunado a un sentimiento de tristeza y culpabilidad.

5

¿Cómo detectar el proceso de manipulación psicopática?

Una vez que el PNI ha llevado a cabo con éxito el refuerzo intermitente, todo le será más fácil. La víctima se encuentra adicta a él y hará, cada vez más, lo que sea necesario para permanecer a su lado. Además, él la ha hecho creer en su «culpabilidad». El apego de la víctima se habrá desplegado en su totalidad hacia el PNI quien, por su parte, aprovechará al máximo esta circunstancia.

Podrá, cada vez con más facilidad, utilizar las peores estrategias de maniobra en el trato con sus víctimas.

Pareciera que el PNI tiene dos personalidades. Una encantadora y la otra insoportable y dañina. Frente a ti portará cada vez más la segunda; la primera será para el resto del mundo, con ello su popularidad y buena imagen no se verá impactada. Película de terror, ¿no te parece?

Es importante que identifiques de qué manera has sido manipulada. Este proceso te será sencillo si pones atención en cada acción del PNI. Verás que es fácil encontrar en él alguna huella de:

Egocentrismo: por lo que siempre antepone sus intereses frente a todo lo demás. Lo que el otro (tú) necesite o requiera, prácticamente no importa.

No empatía: quedará confirmado que no se pone nunca en el lugar de los demás (tú), por la simple razón de que los demás (tú) no son sino medios para alcanzar lo que él desea.

Irresponsabilidad: aunque lastime, hiera o haga daño emocional, el remordimiento brilla por su ausencia.

Maquiavelismo: crea escenarios que fomentan la intriga, la rivalidad y los celos.

Detección de debilidades ajenas: es muy hábil para ello, se aprovecha de la amabilidad y la sensibilidad emocional. Tendrás la sensación de que ha encontrado tu lado débil pero no sabes cómo lo ha hecho.

Capacidad de culpar: de pronto te encuentras intentando reparar todo, mejorando situaciones, como si fueras la parte que ha ocasionado cualquier tipo de inconveniente, sin saber que cada situación ha sido creada artificialmente.

Los PNI son personajes astutos, calculadores, cínicos, crueles y, además, con una profunda y permanente necesidad de admiración. Sabe que lo admiras y no quiere prescindir de eso.

Otro rasgo característico del PNI, son las frases que utiliza, ya que muestran la magnitud de su personalidad egocéntrica. Palabras como universo, mundo, siempre, nunca, todo, inmenso, único, yo, yo, yo y muchas veces yo, solo pueden ser parte del vocabulario de alguien que se siente grandioso, extraordinario, fuera de serie en la galaxia y hasta en el infinito. Y las víctimas, ¿qué hacemos con esto? Reír o llorar, esa es la cuestión.

Si estás inmersa en el ciclo narcisista ya habrás llorado mucho, pero te aseguro que podrás sonreír de nuevo un día, cuando seas tú quien salga por su propio pie de ese círculo en el que ahora mismo habitas al lado de tu psicópata narcisista, quien tiene, además de ti, a muchas otras víctimas.

Cuando la información que hayas podido conocer te deje claro cada uno de los pasos que sigue el PNI, nada más por el gusto de hacerte daño, desearás salir de ahí.

Desde una perspectiva empática es difícil de comprender que algunas personas tengan esa única ocupación en la vida, pero recuerda en todo momento que su lógica no es igual que la tuya, por lo tanto, no pierdas tiempo en tratar de comprenderlo.

Saber que su lógica no era la mía, me ayudó mucho cuando las cosas comenzaron a desfilar con claridad frente a mis ojos. Sin embargo, antes de eso, dediqué mucho tiempo a tratar de entender su punto de vista, a tratar de comprender su raciocinio, a ponerme en sus zapatos, a intentarlo todo para que las cosas volvieran a su cauce inicial, pero me fui dando cuenta de que la aplicación de toda lógica iba tornándose imposible.

La lógica de un psicópata narcisista integrado no tiene lógica.

Un PNI no tiene límite alguno en ningún aspecto de la vida. No conoce el miedo, piensa que en cuanto al dominio de los demás, lo puede todo. Y cuando traspasa los límites, no le aqueja ningún remordimiento. Si alguien lo ha pescado *in fraganti*, dependiendo de la situación reaccionará como mejor le convenga, con rabia exagerada, o negando a sangre fría cualquier hecho que lo inculpe. Antes de reaccionar se fijará muy bien en el público que lo observa en ese momento. Por ejemplo, en una misma situación en la que solo tú lo observas podrá desatar una explosión de ira y ante la misma circunstancia pero en compañía de otras personas, su reacción será mágicamente controlada.

El PNI puede provocarte frente a otros para que seas tú quien pierda la postura, con ello se asegura de que los demás vean en ti a la persona desequilibrada que en algún momento se encargará de difundir que eres. No le gusta quedar mal ante los ojos de quienes lo admiran, pero sin dudarlo, frente a ti dejará caer la máscara cuando se canse de fingir o cuando busque combustible negativo en tus reacciones.

Piensa de nuevo en cómo comenzó tu relación. Sin darte cuenta o de manera natural, te fuiste convirtiendo en su admiradora número uno. Eso lo mantuvo entretenido. Mientras tanto fue conociendo en ti toda la calidad que portas como ser humano.

Un PNI escoge bien a sus víctimas: lo mejor de lo mejor, entre lo posible a ser depredado.

Te comparto aquí un dato interesante: un porcentaje muy alto de víctimas, después de haber salido del ciclo narcisista no se explican cómo pudieron llegar a ser parte de él, no entienden qué pasó ni cómo pasó. Pasan de un estado de inconsciencia a otro de consciencia, sin comprender lo que hizo que entraran en esa burbuja psicopática.

A la luz del tiempo, cuando trabajé en mi propio proceso de desvinculación del ciclo narcisista, esta parte me resultaba extremadamente difícil. No encontraba la manera de explicarme cómo fue el momento en que estuve dentro de la relación psicopática. Tuve, con la ayuda de mi analista, que recorrer todas las posibles rendijas emocionales por las que el PNI pudo haberse colado, así como analizar crudamente las posibilidades y facetas de vulnerabilidad en mí. El trabajo de desvinculación es un camino sinuoso, pero indispensable para recuperar la libertad emocional y psíquica.

En el trayecto de la relación se tiende a pensar que todo va bien y que los problemas son parte de la normalidad de una pareja. Luego, cuando lo «perfecto» va en descenso, es muy difícil aceptar la existencia de una relación psicopática, simplemente no podemos creerlo y hasta preferimos achacarlo a cualquier cosa externa o incluso nos refugiamos en la propia culpabilización por los problemas que van surgiendo.

¿Cuándo me di cuenta de que con mi PNI nada era normal, aunque lo pareciera? En mi caso las cosas fueron paulatinas, pero de pronto, zas, la caída del velo fue como escuchar un golpe de automóvil a un muro, de un día para otro fue despertar con la pregunta ¿quién es en realidad esta persona?

Cuando esto sucedió supe que no había vuelta atrás. Cuando sabes la verdad, no hay manera de volver a cerrar los ojos. De mi PNI habían caído una a una las máscaras, y muchos eventos y acontecimientos pasados tomaron de inmediato forma y sentido frente a mí.

Verás cómo el velo de tus ojos caerá de igual manera que las máscaras de tu narcisista. Si te encuentras en esta etapa con quien parece el príncipe de un cuento de hadas, quizá estás a punto de evitarte una desventura.

Sin embargo, quizá has intentado más de una vez la misma relación con la misma persona. Indefinidamente estás resolviendo una circunstancia tras otra. La paradoja del ciclo narcisista es que no termina. La rueda continúa girando y una víctima podría retomar la relación a pesar de intentar terminar con ella en innumerables ocasiones. Retomar en una relación psicopática implica frases como: «borrón y cuenta nueva», «no pasó nada», «vuelta a la página», «sigamos adelante», «prueba superada». Y es que un PNI no deja ir tan fácilmente a una víctima. Primero se asegurará de dejarla sin recursos personales y emocionales. Una víctima, por su parte, pensará que la voluntad de que las cosas vayan mejor, es mutua, pero al cabo de poco tiempo se dará de nuevo cuenta de que la situación no cambia, solo empeora. Y cada vez, se encuentra más en lo profundo de una pantano.

Las estadísticas demuestran que en una misma relación con un PNI podrían pasar incluso más de siete veces situaciones en las que el ciclo comienza nuevamente. No necesariamente se refiere a terminar la relación para luego volver, sino que ante los problemas que adjudicas a la vida cotidiana en la relación, decidas una y otra vez darle vuelta a la página y ceder de nuevo. Es decir, que después de situaciones y problemas incluso graves, estás dispuesta a volver a comenzar.

El PNI sabe cómo hacerlo. Conoce todos los botones emocionales de sus víctimas.

Si ya son incontables las veces en que has hecho lo posible por minimizar conflictos y resolver en pro de la relación, lo más probable entonces, es que ya lo vivas, y que el ciclo narcisista haya sido puesto en marcha más de una vez. Durante este fenómeno sucede que al mismo tiempo que te estrellas con situaciones para ti intolerables, también recordarás constantemente los detalles de aquellos días cuando las veinticuatro horas del día parecías ser el centro de un bombardeo amoroso que no bajaba ni un milímetro el volumen. Estos dos puntos son importantes e indispensables para entender lo que sucede: el deseo de que aquellos días idílicos vuelvan es la esperanza por la que sigues intentando y dándolo todo para que la relación vuelva a ser lo de antes.

A pesar de que cada vez que sucede un problemón —que el PNI se saca de la manga— y luego de varios días o semanas le siga un bombardeo amoroso y la reconciliación, te darás cuenta de que el bombardeo está bajando drásticamente de intensidad. Ahora resulta que serás tú quien pida perdón por algo que no corresponde o no entiendes, será él quien te diga casi casi que te otorga otra oportunidad de permanecer a su lado, ¿increíble? No tanto si analizamos el proceso de manipulación que el PNI es capaz de realizar en ti, haciéndote sentir culpable, y creando una disonancia cognitiva en tus pensamientos y creencias. Está haciendo contigo lo mismo que si fueras un rehén de guerra.

La llamada en psicología *amnesia perversa* surge de la disonancia cognitiva. En tu mente no cabe la posibilidad de que la persona de quien has «recibido» tanto «amor», «apoyo»… sea ahora la persona en la que se ha convertido, alguien que te hace daño y lastima sin decir *agua va*.

Este proceso inconsciente, es decir la selección de pensamiento, lleva a las víctimas a elegir solo los buenos momentos y a través de un mecanismo defensivo del pensamiento va archivando los momentos negativos, es decir, las experiencias dolorosas. De esta manera se va creando ese apego al perpetrador, que es una reacción habitual al trauma de traición y al reforzamiento paralelo que practican los psicópatas: después de una situación grave en contra de sus víctimas como pueden ser traiciones o actos atroces, alternan la seducción y las promesas de cambio valiéndose de las peores manipulaciones emocionales.

Los seres humanos estamos hechos para estar en contacto unos con otros, los lazos de afecto van mediando nuestras relaciones personales. En la etapa infantil, el apego de un niño a sus padres, se desenvuelve sin importar la calidad de las figuras parentales, ni el efecto positivo o nocivo en el desarrollo del infante.

Estoy segura de que recuerdas la atención y escucha que te brindaba el PNI en los tiempos dorados, un depredador intenta saberlo todo de sus víctimas. Así que el apego al PNI es indiscutible y deriva de situaciones en las que la víctima ha dejado al descubierto su vulnerabilidad pensando que se encontraba en un lugar emocional seguro.

Una vez instalado el apego, el perpetrador tiene el control de la víctima.

Así las cosas, poco a poco te vas conformando cada vez con menos atención y, paulatinamente, el mundo ideal se va tornando de cabeza. El PNI ha comenzado a usar sus típicas estrategias y lo va haciendo de manera tan gradual que las víctimas pocas veces se dan cuenta.

Analicemos cada una de las estrategias detenidamente:

Generar miedo. Esta emoción invade a las víctimas por goteo, no saben cómo ni cuándo comenzaron a sentir temor, sintiéndose a la expectativa ante cualquier reacción inesperada de enojo por parte del PNI. Se preguntan con frecuencia en qué momento llegará un nuevo problema o se desatará una nueva discusión. Algo así como *caminar de puntillas para no despertar al ogro.*

«Viva la paz» es la frase que anhelas que se cumpla en esta etapa, pero en el fondo sabes que la paz está cada vez más lejos de ser una realidad.

Gaslighting. A través de la luz de gas la realidad se distorsiona, no podemos ver con claridad. El PNI hace algo y luego lo niega.

Intenta que la víctima crea de sí misma que ha enloquecido. Todo parece envuelto en una bruma. Las víctimas ya no confían en sus propios pensamientos ni acciones. De pronto te sientes confusa entre tanta palabrería del PNI, incluso emite frases que se contradicen y en ese momento no lo notas, el PNI es un experto en esta maniobra.

Generar pena. Un PNI también juega a hacerse la víctima. Para ello se vale del chantaje emocional, repitiéndote una y otra vez «¿qué haré sin ti?». De pronto te dice que eres la única persona con la que cuenta, dándote a entender que el mundo entero está en su contra y que lo único que tiene es tu gran apoyo. Son tan hábiles con las palabras y, además, para este momento estás unida a él por un lazo afectivo muy fuerte, que al mínimo intento desatará en ti tu afán protector.

Actitud protectora. Esta acción es poderosa, inversa a la anterior, con ella el PNI logra el control total de las víctimas. Les hace creer que no podrán sobrevivir lejos de ellos, que no son capaces de valerse por sí mismas. Incluso atan de manos cualquier emprendimiento por parte de la víctima, haciéndola sentirse indefensa ante el mundo y únicamente segura a su lado.

Castigo. A veces, de manera inesperada, el PNI hará uso de la violencia psicológica a través de las palabras seguidas de "la ley del hielo". Las actuaciones castigadoras son su especialidad. La humillación verbal y el sarcasmo se le da bien. Es como si se convirtiera por minutos en otra persona, pero en realidad es esa persona irónica y cruel la que se esconde bajo otras máscaras.

Sin darte cuenta, algo diferente comienza a gestarse. El antes atento y encantador ser se vuelve controlador, pero a ti ya te tiene en el bolsillo. Lo que después de unos meses ha cambiado, es que el bombardeo amoroso baja de tono y va transformándose en algo distinto. El hombre que creías te había puesto en un pedestal, ahora toma distancia, y empiezas a percibir sutiles comunicaciones demostrándote que en realidad no eres tan valiosa. El PNI te da a entender con frases breves, gestos y monosílabos que no eres tan buena en lo hace poco tanto te había halagado. Ya no eres a sus ojos casi perfecta y por todos los medios te informa que tus logros ya no son para tanto. Los detalles comienzan a escasear, los besos a tus manos antes frecuentes, suceden ahora de vez en cuando; los masajes de pies, las caricias a tu cabello y cualquier tipo de detalle cariñoso desaparece de la rutina. Estos cambios parecen poco creíbles, hasta raros, en alguien que te amaba tanto.

La manipulación psicopática hace estragos en quienes la padecen, son circunstancias con las que el PNI termina absorbiendo la personalidad de sus víctimas hasta paralizarlas. Un psicópata narcisista integrado se vale de estas herramientas para que sus parejas sufran la pérdida total de su propio yo. En el principio de ese trayecto las víctimas intentarán defenderse, pero el depredador hará todo lo que tenga a su alcance para adormecer la valentía, acallando los reclamos. Poco a poco la dominará por completo, de la misma manera que una serpiente estrangula al conejo que está a punto de devorar.

El control arrecia… ha comenzado la etapa de devaluación.

6

Época de crisis: la devaluación y el aislamiento

La etapa de devaluación comienza reforzando el ya conocido juego de *quita y da, da y quita*. Sientes, más que nunca, que eres un objeto en uso, pero de nuevo tu primera reacción será bajo el lente de la empatía. Eres comprensiva y haces lo posible por entender, buscas una explicación y tratas de racionalizar cualquiera que sea la situación. Sin embargo, la lógica va desdibujándose de tu almacén de ideas. Has venido arrastrando el mal sabor y la tristeza; a ratos tu fuerza va menguando, pero en el fondo eres invencible, la vida se desborda de entre tus días.

Pareciera que tu existencia entra en un laberinto, en el torbellino de una licuadora, de pronto en la relación nada es predecible, excepto el caos.

A pesar de que lo que el narcisista busca ahora es desalinearte, tú te debates entre lo que sucede y lo que sientes: lo amas como piensas que no podrías amar a nadie más.

Y no se trata de masoquismo.

Un PNI no se lía con cualquiera, eso no lo olvides, estás llena de vida y eres una persona valiosa, por lo tanto tratas de salir adelante y resolver la situación como cualquier pareja que se ama y que está comprometida en el respeto y el cariño mutuo lo haría para solventar los problemas.

El meollo es que una relación de pareja con un PNI no es pareja, él no está dispuesto a comprometerse en nada, ni hará el más mínimo esfuerzo en resolver ninguna situación, mucho menos está aportando en la relación el respeto ni el cariño que tú sí das.

El tiempo que has pasado con el PNI ha activado en tu psiquismo la sustancia del amor, y las cosas se van poniendo color de hormiga. El psicópata narcisista integrado ha hecho su labor a través del mágico bombardeo amoroso y ahora está cosechando su siembra. Todo ha sido maquinado a sangre fría por él. Los reflejos están funcionando en ti. Piensas que no puedes vivir sin él. Por tu cuerpo corre la dopamina, la droga del amor, el neurotransmisor principalmente responsable de hacernos sentir placer. De igual manera la oxitocina, serotonina, feniletilamina y una serie de endorfinas mantienen encendidos los procesos biológicos que, en función de reacciones químicas, motivan el contacto físico y refuerzan el vínculo amoroso con el PNI.

Sin darte cuenta esa sensación de plenitud la asocias al PNI. Quienes hemos sido víctimas, minuto a minuto hemos aprendido a hacerlo. Hemos entrado en un proceso de adicción que nos urge al contacto, requerimos de su presencia, estamos, sin ser conscientes de ello, dispuestas a mantener la relación a costa de lo que sea. El proceso que vivimos es el mismo que sufre una persona en proceso de adicción a cualquier droga. Por eso es tan difícil romper el vínculo traumático con el abusador, ya que va adiestrando a sus víctimas a lo que ya mencionamos como refuerzo intermitente, es decir, buen y mal trato en la justa medida para crear una adicción psicológica. En la naturaleza de un PNI esta estrategia le permite hacer estragos en sus víctimas.

A veces, el estado de enamoramiento podría llevar a cualquier persona a realizar cosas temerarias en nombre del amor. Cuando nuestra persona amada es un PNI, la posibilidad de actuar así, se incrementa, es como si diéramos un salto al vacío llevando en nuestras manos nada más que la felicidad y el amor incondicional que hemos decidido brindarle para siempre, sin saber que, al cabo de un tiempo, llegaremos a estrellarnos en el suelo de la manera más rotunda ¡y queriendo aún salvar esa felicidad y amor que se escurre entre nuestros dedos!

Las reglas de ese macabro juego son turbias, cambiantes; el PNI actuará como le venga en gana en el momento que lo desee, utilizando las más ruines estrategias de manipulación y maltrato psicológico. Él sabe que tiene la sartén por el mango y está dispuesto para disfrutar de esa diversión que le genera presenciar la destrucción emocional de sus víctimas.

El PNI sigue moviendo sus hilos y va estira y afloja para las próxima jugadas.

Ahora le hace falta una ficha: aislarte.

En medio de este torbellino en que se ha convertido la vida de pareja, creará un cerco invisible para que quedes dentro. El exterior está ahí, él no ha movido nada, el mundo sigue igual, pero no en tu psiquismo, y voluntariamente evitarás dar un paso más allá de la distancia permitida por las cadenas psicológicas del PNI. Saldrás cada vez menos con tus amigos y él, silenciosamente, hará lo necesario para alejarte cada vez más de tu familia. Esta situación es extraña porque es mental. El control que el psicópata narcisista ejerce es poderoso pero inocuo. No sabes lo que pasa, pero algo pasa, y para no tener problemas, tú cedes ante la posibilidad de su enojo efervescente e imprevisible.

Para aislar a sus presas, los PNI recurren a la victimización, invierten los papeles, se hacen los enfermos, los tristes, los necesitados de compañía, pero una vez logrado su objetivo (deshacer un plan, hacer que canceles una reunión, etcétera), vuelve el torbellino a su máxima velocidad. Cuando es necesario porque otras formas no les resultan efectivas, replican o aluden a los días dorados de la relación. El aislamiento es gradual. Si tienes un plan, ellos te ofrecen uno «mejor».

Así que el círculo psicopático continúa girando a través de su manejo de la culpa, esa transferencia logra que en cualquier circunstancia, en caso de no querer replegarte a sus deseos, seas tú quien termina como culpable de la situación.

Y el juego sin fin continúa, si en medio del ruin proceso de manipulación que el PNI ha puesto en marcha, muestras señales de autonomía o de cierta independencia, él volverá a comenzar el ciclo del bombardeo amoroso, aunque nunca de la misma manera que en la fase inicial. El «juego» está en su apogeo y el PNI jugará contigo una y otra vez, tantas veces cuantas sean necesarias.

Tú lo amas y, además, ante el resto del mundo él sigue impune con su máscara de perfección. El PNI abre un poco la ventana para que el resto del mundo pueda ver únicamente lo que es conveniente para sus fines.

¿Quién es en realidad el PNI?

Hemos ido hablando un poco de sus estrategias y formas de actuación. Para librarte de él, es necesario mirarlo de frente.

Ha llegado el momento de presentarte su radiografía.

FASE III
Proceso de victimización

A lo largo de la relación con el PNI ha sucedido algo terrible: has aprendido a no defenderte de él.

7

¿Quién es el PNI?

El PNI quizá ha dedicado mucho tiempo para mostrarte la perfección, esa que está muy lejos de ser. Una de las armas que ha venido utilizando es la mentira. Es un experto manipulador, y un manipulador miente. Su estructura psíquica carente de filtros morales y emociones empáticas le han permitido, a sangre fría, involucrarte en la relación de la manera en la que lo ha hecho. Un PNI es un depredador emocional adicto a las relaciones psicopáticas. Entre más, mejor.

En su interior habita un hoyo negro que nunca podrá llenar. Los investigadores científicos se han dado a la tarea de identificar esto a través de los testimonios que muchas personas han compartido. Ese hoyo negro que habita en el interior de un PNI algunas víctimas lo han observado en el vacío de sus ojos, otras, en la ausencia de emoción al decir frases que personas normales solo podrían expresar con afecto, rabia u odio. Hay momentos y, quizá, venga a tu memoria alguno de tu propia historia, en el que un PNI parece descolocado. Esto es, sin saber cómo debe reaccionar ante tal o cual situación o personas, como si de pronto se sintiera perdido en un momento y no tuviera a la mano la reacción correcta. No olvides que los psicópatas narcisistas integrados aprenden por imitación, pero sin involucrarse emocionalmente, ya que se sabe que su gama emocional es muy reducida.

Avanzan por la vida ciertos de que están por encima de los demás, creen sin límite que son más listos, capaces, poderosos y que, además, lo merecen todo. Es por eso que se creen con el derecho de abusar y utilizar a otros en su propio beneficio.

Los PNI parecen provenir de un mismo molde. Científicos, psicólogos, psiquiatras y hasta escritores de todos los tiempos han ido captando estas imágenes que hoy corroboran las víctimas en grupos de apoyo, en canales y cuentas de redes sociales, en sitios donde pueden, con libertad y cierto grado de seguridad, expresar lo que han vivido en sus relaciones de pareja al lado de los PNI.

Desde la óptica empática, observar y aceptar que un ser humano carece de emociones es muy desconcertante y quizá sea una de las cosas más difíciles de entender en el trato con psicópatas narcisistas integrados.

Recuerdo la manera en que con gran facilidad mi PNI cambiaba las versiones respecto a cualquier tema; a veces opinaba de una forma y luego de otra, a veces una persona era digna de su «aprecio» para al cabo de varias semanas convertirla en un ser «despreciable». Cuando le cuestionaba esos cambios de opinión siempre aludía a mi confusión, lo hacía a través del *gaslighting*, una de las herramientas que mencionamos en el capítulo 5, a través de la cual la realidad se distorsiona y no podemos ver con claridad. El PNI hace algo y luego lo niega. Intenta que la víctima crea de sí misma que ha enloquecido. El *gaslighting* lo envuelve todo en una bruma. Nunca supe si una opinión se le confundía con otra, o si sus opiniones eran momentáneas, pero lo cierto es que un PNI se empeña en tener siempre la razón a pesar de que la gente cercana a su alrededor opine lo contrario.

Entre los rasgos predominantes de una persona psicópata narcisista integrado se encuentra la falta de empatía —por ello, la opinión de otros no cuenta— y esta falta deriva en otros dos rasgos que son la incapacidad de amar y la incapacidad de sentir culpabilidad y/o remordimientos. (McCord y McCord, 1964).

Cuando hablamos de empatía, por lo general, nos referimos al aspecto emocional, sin embargo, para reconocer a un PNI, es indispensable saber que hay dos tipos de empatía: la cognitiva y la emocional. Se sabe que un psicópata narcisista integrado posee una de las vertientes: la cognitiva. Sus capacidades mentales son adecuadas y eso le permite reconocer a sus víctimas y saber cómo obtener de ellas lo que hemos llamado combustible narcisista. Un PNI sabe cómo hacer aflorar al grado máximo las emociones de los demás sin ser capaz de experimentar la empatía emocional.

Las emociones son lo que a las personas nos permite cambiar de forma de ser o actuar en beneficio de una vida de bienestar psíquico, que incluye las sanas relaciones afectivas con los demás.

El PNI no posee esa gama. En donde debiera haber emociones, en él, hay huecos.

Lo anterior hace del PNI un perpetrador de violencia psicológica e instrumental en todos los ámbitos de su vida, principalmente en las relaciones de pareja.

En las dinámicas relacionales, un PNI es capaz de crear un ambiente siniestro imperceptible para la mayoría de las personas, excepto para la pareja en cuestión y esto desencadena en ellas daños, muchas veces, irreparables. Los psicópatas integrados generan ambientes turbios, desestabilizadores y volátiles (Jonason, Valentine, Li y Harbeson, 2011), en donde abundan las mentiras, manipulaciones, coacción y chantaje emocional, que llevan a la relación a un estadio de violencia psicológica que las víctimas pueden vivir, incluso, a lo largo de mucho tiempo.

La cantidad de literatura científica resultado de investigación constante y actual nos da una idea de la magnitud del problema. Las personalidades PNI están en todos lados.

Después haber vivido una de las peores experiencias de mi vida en relación directa con un PNI, no imaginaba la cantidad de personas víctimas de la misma circunstancia. A muchas personas les pasa lo mismo; habiendo sufrido el ciclo psicopático, pensamos que nadie más ha pasado por ello, esto sucede por la desinformación respecto al tema. Sin duda, otra cosa será cuando el tema de la psicopatía integrada sea puesto al alcance de toda la población, ojalá se haga más y, en especial, informando a las generaciones más jóvenes, quienes en esa etapa se encuentran en los inicios de sus primeras experiencias amorosas.

Es inenarrable la sensación de saberse dentro de algo que resulta incomprensible y, hasta cierto punto, increíble. Nunca imaginé que una vivencia personal me llevaría a un tema de estudio de tal magnitud. Existe un mundo de casos en torno a la psicopatía. Cuando tuve la certeza, los hechos y los datos fríos que me mostraron la psicopatía narcisista integrada como un problema real y que, además, afecta a millones de personas como víctimas, particularmente en esferas relacionales de pareja, fue ahí que, en medio del dolor que nunca pensé experimentaría, decidí unirme a la difusión del tema y a dedicar parte de mi vida profesional y laboral para el apoyo de víctimas de psicópatas narcisistas integrados.

Desde entonces he tenido contacto con personas a quienes conocía previamente y que no hubiera podido creer que vivían su relación de pareja con un PNI. He tenido la oportunidad de ofrecer apoyo a quienes se han acercado con la confianza y necesidad de reelaborar esa parte de su vida. El miedo y el dolor me embargaba, sin embargo, haber cruzado el umbral para compartir y hablar de lo que muchas veces no se habla, me ha regalado la felicidad de ver asomar de nuevo la sonrisa en personas que han salido avante de una relación de pareja con un PNI.

En situaciones normales, conocer a la persona que es nuestra pareja es algo que se va dando poco a poco, pero si tu pareja es un PNI y no tienes información preventiva en torno al tema, pasará mucho tiempo antes de poder abrir los ojos ante esa realidad. Reconocer que algo no va bien y animarse a explorar con quién estamos compartiendo la vida, a veces puede resultar difícil, sobre todo porque el ciclo narcisista revuelve la realidad con el fin de eliminar todo atisbo de claridad.

Si sabes o intuyes que tu pareja es un PNI, es momento de bucear en el mar del conocimiento en torno al tema, hacerlo es de vital importancia, es por ti, es por tu vida por quien, en primer lugar, debes dar el paso.

Con lupa en mano, con los anteojos de la objetividad bien puestos, por favor, regálate momentos para explorar con quién estás viviendo la experiencia del amor.

Es importante dar un paso atrás y ubicarte en el papel de observador. Es difícil cuando en tu interior habita una maraña de emociones, pero hazlo, ya que, negarte la posibilidad de ver y aceptar, es lo que ha podido mantenerte en ese espacio de control emocional por parte de tu pareja, la persona quien dice amarte.

¿Quién es el PNI? ¿Cuáles son sus características principales?

Es importante ser capaces de responder a estas preguntas para que puedas identificar las características que tu PNI posee. Si has identificado en tu relación de pareja algunas de las etapas que hasta ahora hemos mencionado y atraviesas una etapa de desconcierto con la pregunta constante ¿quién es —nombre de tu PNI—?, es muy probable que estés a punto de salir de la burbuja psicopática.

Ya lo hemos dicho: no todos son iguales, pero operan con un patrón muy similar, por lo tanto, entre la personalidad de los PNI habrá también rasgos paralelos.

Una de las personas que, de cierta manera, más conoce a tu pareja eres tú, quizá no sabías si se trataba o no de un PNI, pero lo has visto actuar infinidad de veces los mismos papeles, has escuchado sus peroratas día con día, conoces uno a uno los pasos consecutivos que conforman sus berrinches. El resto del mundo conoce de tu PNI su máscara más brillante y reluciente, pero ahora tú sabes bien que esa no es más que una máscara de quedar bien ante los demás.

Es confuso, lo sé, estarás pensando ¿lo conozco pero no sabía que podría tratarse de un PNI?, ¿lo conozco o no lo conozco? Dejémoslo en, lo has observado, y en tu relación de pareja, eres tú quien podría identificar ciertos rasgos.

Ya hemos explorado en otro cuestionario acerca de cómo te sientes dentro de la relación, ahora es momento de identificar de manera particular sus actuaciones, visto desde tu perspectiva como pareja.

A lo largo de este libro aparecen expuestas a manera de pregunta algunas de las siguientes características de un psicópata narcisista integrado, cada persona es singular, sin embargo, los rasgos de psicopatía y narcisismo están presentes en la manera de ser de cada uno de ellos, así que he intentado elaborar la lista lo más extensa posible, con el fin de no confundir los rasgos con otras patologías psicológicas.

La siguiente es una serie de elementos presentes en la personalidad del PNI.

¿Qué rasgos y características posee tu PNI? Marca la casilla derecha para luego hacer un conteo general.

Características comunes en un psicópata narcisista integrado	
Es en apariencia simpático, encantador y lo sabe todo	
En el fondo es egocéntrico y le gusta captar la atención de su entorno	
Al principio de la relación decía ser tu alma gemela y actuaba como tal	
Posee un magnetismo irresistible para la mayoría de las personas, incluyéndote	
Puede ser muy detallista con los demás, igual que lo es contigo (cada vez menos)	
Es mentiroso hasta el fin, has detectado mentiras que van en aumento	
Puede imaginar fantasías absurdas que lo llevan a inventar historias falsas de él	
Es la víctima cuando las cosas no salen como lo tiene previsto	
Te culpa de sus malos ratos y sus desgracias, en fin, te culpa de todo lo que puede	
En momentos particulares sus ojos son vacíos o inertes	

Hay frialdad en sus acciones o palabras en los momentos más inesperados	
Puede actuar fácilmente como un ser arrogante, déspota, agresivo, iracundo	
El aburrimiento lo invade con frecuencia, puede decirlo o hacerlo notar	
Te descarta sin piedad en diversas circunstancias, a veces de manera inesperada	
Es manipulador sobre todo contigo, ha tomado la medida de tus emociones	
Tiene un séquito de admiradores en distintos ámbitos	
Descarta o desacredita a quienes considera un peligro para su falsa imagen	
Puede decir sin reparo críticas soeces acerca de otros con quienes actúa afable	
Pensándolo bien no tiene verdaderos amigos, pareciera que nadie está a su nivel	
Lo que más le enoja es que lo dejen mal ante los demás, no tolera la crítica	
Es oscuridad para ti y candil para el mundo	
Es teatrero para hablar, reír, enfadarse, está en frecuente actuación	
Cero empatía, puede ser insensible en los momentos más inesperados	
Da la impresión, con sus palabras o acciones, de que disfruta haciendo daño	
Aun cuando se ha equivocado no muestra remordimiento ni culpabilidad alguna	

Pareciera que es incapaz de entender la lógica de asuntos éticos y morales básicos	
Cambia de opinión, gustos y actividades con frecuencia	
Se niega a cumplir o a reconocer frases o promesas que ha dicho en el pasado	
Finge distracción u olvido ante hechos que para ti o para la relación son importantes	
Muestra inconsistencia en la conclusión de planes y proyectos	
Por lo que sabes o te ha contado, ha sido protagonista de muchas historias afectivas	
Resulta que todas sus ex parejas tienen serios problemas mentales	
Se saca de la manga historia tras historia de sus conquistas o admiradoras	
Hace creer que le pasan cosas increíbles, quizá buscando parecer especial	
Si lo cuestionas se molesta, si captas alguna falla en su narrativa, no lo acepta	
Cuando narra los eventos que salen mal en su vida, él nunca ha sido culpable	
Desconfía de todo y de todos —*el león piensa que todos son de su condición*—	
Siempre está poniéndote a prueba	
En momentos de discusión o problemas puede humillarte con frases agresivas	

Cuando estamos en una relación de pareja con un PNI, realizar este ejercicio es revelador. Seleccionar una a una las casillas y ver cómo han sido pocas las que hemos dejado en blanco es lo que llamamos la caída del velo. La posibilidad de hacer a un lado la máscara del PNI con el fin de observarlo a través de una especie de microscopio es el primer paso para reconocerlo.

Otros rasgos que quizá vinieron a tu mente y que no has encontrado en el listado anterior, son aquellos que hacen de tu PNI una personalidad particular, acorde al tipo de relación que vives con él, a la circunstancia y la etapa en la que se encuentran ahora, incluso al contexto social o cultural que de manera individual todas las personas habitamos. No dudes en anotar al margen o en una hoja todos aquellos rasgos o características que son parte de su individualidad, escribe tantos como puedas, hasta que agotes todo lo que llevas dentro, todo aquello que deberás recordar y tener presente en los momentos de tomar decisiones vitales. Enriquecer la lista de características de tu PNI es un ejercicio en favor de tu seguridad psicológica. Y una de las mejores maneras de conocer a fondo a la persona que tienes a tu lado.

¿Relación tóxica o abusiva?

Hay también muchas otras características que no han sido mencionadas y que retomaremos cuando hagamos el ejercicio de identificar los puntos que integran la llamada violencia psicológica. En una relación abusiva como la que existe cuando uno de los miembros en la pareja es PNI, la violencia psicológica toma un lugar protagonista y al mismo tiempo es silenciosa. Es importante hacer la distinción entre relación tóxica y relación abusiva. En la primera existe una lucha de poder entre ambas partes, en la segunda, existe un depredador y una víctima. En una relación tóxica cohabitan personas tóxicas, en una relación de abuso, el PNI es la toxicidad en vivo.

En la relación de pareja con un PNI estarás inmersa en una relación abusiva.

Dar peso a sus acciones más que a sus palabras, te brindará una radiografía mucho más cercana a la realidad de su esencia. Identificar los rasgos de un PNI no es tan difícil como pareciera, lo difícil es deshacernos del beneficio de la duda que surge en nuestro interior, ese deseo de que la persona en cuestión sea en realidad lo que nos gustaría. El miedo al desencanto opera en la psiquis maquillando un poco la realidad exterior. Poder mirar de frente sus rasgos y características, a pesar del trago amargo que esto representa, nos pone en un estado de objetividad muy valioso.

En el siguiente capítulo analizaremos un rasgo que por su relevancia merece un apartado especial. Se trata de la envidia, una de las emociones que lo embargan de una manera especial.

Un PNI carece, entre muchas cosas, de habilidades emocionales.

Un PNI desea todo lo que no posee.

8

La envidia patológica

Una de las características que el PNI trata de ocultar más es la envidia que siente hacia los demás.

Un psicópata narcisista integrado no puede percibir de la misma manera en la que la mayoría de las personas sienten. Por sí mismo no puede generar un autoconcepto, podría decirse que su valor depende de los ojos que lo miran. Un psicópata narcisista integrado requiere de la aprobación de los demás para sentirse vivo, para saberse visto. Es por eso que hace todo lo que esté a su alcance para existir así, y una manera es lograr que el club de fans a su alrededor sea cada vez más numeroso. Un PNI comienza cuantas relaciones afectivas —simultáneas— le son posibles, su móvil es una maraña de mensajes *copy paste*, apps de encriptados, fotografías como claves de comunicación, en fin, todo aquello que más pareciera un guion de ficción-terror a nuestros ojos, para un PNI es pura rutina.

La envidia lo lleva a querer poseerlo todo, personas, relaciones, afectos, admiración, secretos. Puede entablar relaciones simultáneas porque ubica las cosas en el plano de lo oculto, lo hace porque solo así puede cortejar a personas incluso dentro de un mismo grupo, al interior de un salón de clases y hasta de un elenco musical o teatral. Su lista de posibles víctimas siempre está en modo de selección y reclutamiento. Constantemente hay entradas y salidas de personas en su vida, lo que no sirve se desecha y lo que pinta como posibilidad, entra para formar parte de la lista de objetos a depredar. Las personas, actividades, grupos o cosas valen en tanto le sean de utilidad para sus propios fines y no por el valor intrínseco e inalterable que puedan tener.

Un PNI desea todo aquello que sabe que no le pertenece. Todo lo que implica una trasgresión a la norma, sin importar el riesgo que lleve implícito.

Por ello un PNI puede tener una familia durante años, porque eso le brinda la posibilidad del movimiento subterráneo, por así llamarlo, es decir, para él una esposa es la fachada que lo protege de interrupciones o erosiones en su imagen muchas veces impecable frente al mundo. No permitirá nunca ser el punto de críticas ante sus admiradores, aunque tras bambalinas sean capaces de coaccionar y dañar a quienes osen desenmascararlos.

En el campo de lo afectivo sus parejas cohabitan a manera de capas, puede haber alguna principal y muchas otras secundarias, incluso no vacila en usar un apelativo genérico o en casos de PNI sofisticados, son capaces de adoptar una faceta o personalidad distinta para cada relación en particular. Sus lazos afectivos no hacen distingos entre género ni edad, eso para ellos es un detalle nimio, algo que les da prácticamente lo mismo. Mientras la víctima sea potencial materia a depredar, todo lo demás pasa a un segundo término.

Una de las características que por lo general tienen las víctimas de los PNI es su capacidad de amar y, con ello, muchas otras particularidades que ya han sido mencionadas en estas páginas, como empatía, tenacidad, resiliencia. Estas mismas capacidades, como lo veremos en posteriores capítulos, son las que muy probablemente, en el momento en que lo decidas, harán que puedas salir de este túnel negro y oscuro como lo es una relación psicopática.

Para un PNI la envidia patológica es su sentencia, eso lo lleva a un espiral que no termina nunca, siempre habrá frente a sus ojos vacíos algo o alguien más que pueda brindarle atención, alguien que aún no lo ha mirado, una posible nueva víctima, alguien a quien depredar y absorber de ella el combustible narcisista.

La envidia es para ellos un ciclo que no termina.

Los deseos de un narcisista son variados y extraños, sin pudor alguno pueden ir desde querer adueñarse de la sonrisa que posa en los labios de la esposa de su hijo o desear ser el receptor de las cartas de amor que el novio de su hija le envía a esta desde Italia.

El PNI está siempre presto para arrebatar, no importa qué, no importa a quién.

Le gusta y necesita que le aplaudan. En medio de un grupo, acapara conscientemente la atención, se enfrentará a quienes brillen en una conversación hasta lograr convertirla en un monólogo del que será la voz cantante; al llegar a una reunión de inmediato sacará su acordeón, y si hay piano o micrófono se dispondrá a ser él el espectáculo, en fin, hará uso de todas las monerías con las que cuenta y si no las tiene, las inventará a la medida del público presente. Si se trata de una simple charla tendrá a la mano la cátedra previamente ensayada sobre un determinado tema o, en el peor de los casos, llegará con el mejor repertorio de bromas y chistes. Cuando hay público disponible, un PNI no pierde la oportunidad de ser mirado.

Aunque, momentáneamente, un PNI se ponga la máscara de humildad o timidez, desea en todo momento y lugar ser el centro gravitacional, y casi siempre lo consigue. En caso contrario, si no logra ser el reflector de la fiesta, aducirá lo aburrido o insoportable de la situación como una excusa para marcharse de inmediato.

Al hacer un recuento de lo que ha hecho en su vida, un PNI ofrece la imagen —en apariencia— de haber alcanzado un logro tras otro, logra que los demás lo vean como el Robin Hood de las galaxias, pero en el fondo muchos de esos logros puede que hayan sido proyectos inconclusos o truncos. El PNI habla de eventos o circunstancias difíciles de corroborar, fechas difusas, situaciones que son más bien producto de su imaginación, narrativas mezcla de realidad y ficción. En sus algarabías, sobre todo en los momentos en los que parece flotar en medio de un grupo, las frases se le escurren del cerebro y salen expulsadas dejando entrever un ego de los grandes, presumiendo hazañas que a cualquiera avergonzarían, revelando en momentos de éxtasis etílicos, por ejemplo, hasta un montón de relaciones superficiales, una encima de la otra. A un PNI, cuando se siente en confianza y lleva encima más de un par de copas, las cabras de la cordura se le escapan en un segundo.

Un PNI vive empalmado en múltiples realidades. La imagen que proyecta de su gran «yo» y en general de su vida, es como una pantalla o filtro con el que la mayoría de las personas a su alrededor pueden irse con la finta, pero si miramos con detenimiento podremos observar, como ya lo hemos mencionado, la ausencia de amistades profundas.

Un PNI no tiene amigos verdaderos, pero envidia a quienes los tienen. Por eso es fácil que se inmiscuya en grupos de los que no forma parte. Algunos pueden considerarlo amigo, mientras no salte la máscara por la borda, sin embargo, para el PNI ellos serán simplemente conocidos aunque los llame amigos, es decir, personas que están ahí porque para él representan un objeto utilitario, alguien que pueda servirles para fines determinados.

Lo siguiente fue tomado de la realidad, aunque se han omitido los nombres y las profesiones han sido cambiadas.

Aquí va un poco del contexto: un PNI y un amigo entrañable son directores de distintos coros a quienes la vida ha mantenido cercanos básicamente por la profesión musical.

Imagina la escena: en medio de una reunión en la que se encontraban ambos y sus respectivas esposas, el amigo entrañable le cuenta al PNI de lo feliz que se siente porque de nuevo tendrá la oportunidad de reunir al grupo coral que había sido un éxito años atrás y que por motivos diversos habían pausado sus actividades. Cuando el amigo termina de dar los pormenores, el PNI sin más, al cabo de unos segundos de silencio, le dice «qué bien», y le pregunta si tendría inconveniente que él envíe una invitación directa a esas personas para que se unan a algunos de sus propios coros. El amigo entrañable, más que sorprendido ante la petición, simplemente responde, «adelante, no tengo inconveniente». El ambiente en la reunión se congela. Y el PNI ni se inmuta.

Lo que para todos los presentes era inaceptable, para el PNI no significaba nada además de su enorme deseo de arrebatar algo que no era suyo. La envidia en él es patológica, ya que no le permite ver más allá del deseo de satisfacer un impulso.

La esposa del PNI había comenzado a entrever quién era en realidad la persona con quien estaba casada, ahora advertía eventos y momentos que iban convirtiéndose en signos de alarma, pero en ese momento no puede creer lo que ha visto y escuchado, el PNI infringía reglas tácitas de la más básica y elemental lógica, ¡y sin inmutarse!, así que al final de la reunión ya solos, encara al PNI explicándole que su actuación para con su amigo entrañable carecía de sensibilidad, ética y hasta profesionalismo.

El punto central de este ejemplo es que la respuesta del PNI denotaba no entender la lógica humana de lo que había sucedido, no parecía arrepentido, en su cara no había un ápice de culpabilidad ante ese evento.

Para ella había quedado claro que en el interior de la persona con la que hablaba —y que era su marido— no existía la empatía, es decir, el PNI no podía dimensionar, comprender ni compartir la experiencia mental de la otra persona. Él había puesto, por encima de todo, el impulso de arrebatar a un amigo «entrañable» lo que de ninguna manera le correspondería.

En el PNI no habita la lógica humana.

Simplemente irá, de un momento a otro, saltando tras lo que desea obtener instantáneamente. En su psiquismo maltrecho hay una frialdad para todo, como si se tratara de subir y bajar un switch para encender o apagar la luz; sus discursos y acciones van cambiando según sea lo necesario en cada momento. La envidia del PNI es una condición patológica permanente. La premisa es simple, ya que en el fondo él percibe lo que los demás tienen y él nunca podrá tener: una gama amplia de emociones.

La felicidad, la alegría y el amor, por ejemplo, son sitios a los que él no tiene acceso, a pesar de que ponga todo su esfuerzo en absorberlos de sus víctimas. El PNI no tiene la capacidad de experimentar las emociones por más que intente imitar.

Un PNI es capaz de representar, pero no de sentir.

La mayoría de las cosas que hace o que dice saltan como resortes que su impulsividad le impide filtrar previamente. En su interior no hay cedazo para sus propios fines y deseos, irá tras ello a pesar de lo que tenga que hacer para lograrlo.

La envidia forma parte de una gama amplia que contiene muchas otras emociones, existen más de cien que un ser humano psicológicamente sano puede experimentar. El tránsito a través de ellas y la capacidad de identificarlas depende en gran medida de la inteligencia emocional de la persona y de su nivel de autoconocimiento, por lo tanto, del autodominio. En una persona sana experimentar emociones no es una patología, ya que de acuerdo con el grado de su madurez, sabrá gestionarlas en beneficio propio, de los demás y de su entorno.

En cambio, para una personalidad psicopática y narcisista integrada no existe la gama emocional, todo es pantalla, actúa simplemente en imitación con otros. Al observarlo detenidamente habremos de notar la falsa alegría, las lágrimas teatrales, la bondad oscura (con intenciones encubiertas), la gratitud forzada y el amor como una simple máscara. Su gama emocional es reducida. En el vacío de su interior caben únicamente la envidia patológica y la ira.

Recuerdo una escena con mi PNI, a la que, en su momento, percibí como un instante extraño, desarticulado, pero no le di mayor importancia, sino hasta que hice una extensa lista de este tipo de situaciones. La historia de ese día es así: de un momento a otro, de pronto y de la nada, el PNI se soltó a llorar. "¿Qué haces?", le dije, en realidad no entendía qué era eso. De manera extraña, sus gestos no correspondían con su supuesta emoción. Sus ojos, a pesar de que derramaran lágrimas, no mostraban a un corazón dolido o triste. Encima, el discurso se escuchaba hueco, como si sus palabras provinieran de un lugar vacío. Trataban de esbozar dolor, pero al mismo tiempo, mostraban envidia. Nunca antes había visto algo así.

Gracias a las investigaciones de Van de Ven, Zeelenberg & Pieters se conocen dos formas de envidia: maligna y benigna. La clasificación propuesta por dichos autores, distingue a la envidia benigna como la experiencia que motiva a la persona a realizar mejoras sobre sí misma respecto a aquello que envidia de alguien más. Por otra parte, la versión patológica muestra cómo el portador de la envidia tiende a minimizar al otro, es algo así como el hecho de tirar hacia abajo la imagen o el logro de los demás, al mismo tiempo que se impulsa a superar la acción o imitar la característica o, incluso, arrebatar lo que pertenece a la otra persona. Conozco el dicho «*envidia de la buena*», pero nunca lo había visto desde la óptica científica.

En un experimento para medir los alcances de esta emoción los participantes que vivieron la envidia benigna se sintieron inspirados por la persona a la que envidiaron e incluso fueron capaces de felicitarla por sus éxitos. En cambio, aquellos que experimentaron envidia maligna se percibieron distantes a la persona envidiada, resultando la experiencia como frustrante. Mola, Rena & Godoy, (2014), observaron que los dos tipos de envidia se distinguen a partir de los aspectos valorativos de merecimiento, poder propio y estado situacional. Lo anterior corrobora la premisa del vacío en el interior del PNI, creen ser merecedores de todo por el nulo autovalor y el estado de necesidad permanente del combustible narcisista.

Pero un ser patológicamente envidioso ¿cómo puede lograr pasar de largo, depredando, sin convertirse eventualmente en un delincuente tras las rejas? El PNI no es únicamente psicópata, es también narcisista y además, se encuentra integrado en el mundo que habita.

El PNI no tiene fallas cognitivas, sino incapacidad afectiva. Por ello, a sangre fría puede manipular o fingir incluso esa incapacidad, imitando la sensibilidad de las personas a su alrededor. Del exterior toma algunas lecciones, las ensaya frente a un espejo y sale al mundo para depredar. Sabe bien lo que no hará bajo los reflectores para que no lo pillen las autoridades, es decir, no matará directamente, pero es probable que algunas de sus víctimas se suiciden; no robará una institución bancaria, pero tendrá cerca a quienes le proveerán económicamente; no amará a su pareja principal, pero seguirá a su lado por conveniencia de imagen; tendrá múltiples y simultáneas relaciones ocultas a manera de parejas secundarias, por el hecho, para él vital, de sentirse admirado o quizá porque cada una de ellas le proporcionará algo determinado y que él ha clasificado como necesario.

Al tener acceso a esta información es inevitable una sensación inquietante, al tiempo que reconocemos la importancia de que la información acerca de esta condición patológica sea cada vez mayormente difundida.

Todas las personas tenemos derecho a estar a salvo de un PNI, y podremos estarlo en la medida en que estemos informados a través de datos verídicos y estudios científicos constantemente actualizados.

Las personas con las que se relaciona un PNI, sin distinción de género ni edad, condición sociocultural y económica, son simplemente utilitarias, sin excepción. Una de las preguntas más frecuentes entre personas que han sufrido la depredación por un PNI es si este ama a sus hijos o a sus padres, y la respuesta es ¡No! Bajo la óptica de un PNI no hay excepciones para depredar ni entre aquellos con los que le unen lazos consanguíneos.

Sin embargo, entre sus víctimas podemos distinguir dos clasificaciones.

Por un lado, están quienes le sirven de peones para forjar y mantener su imagen pública. Con ellos el PNI actúa como si fuera comprensivo, como si poseyera una bondad que lo hiciera capaz de hacer algo por otros, es un actor intentando representar «la perfección humana». El narcisista únicamente es así con quienes están anclados a sus pies para reverenciarlo, con quienes lo miran hacia arriba, considerándolo alguien especial, alguien que lo sabe todo. Si a algunos de ellos les preguntaras acerca de las características del PNI, te dirían que es la persona más generosa que han conocido, que siempre está dispuesto a ayudar, que es humilde pero sabio, que está lleno de cualidades y, ¡además! que se sienten afortunados de conocer a gente como él. Así el PNI, ¿o más enmascarado?

Por otra parte, están las víctimas que sufren la depredación, las que han vivido el terror del ciclo narcisista a su lado. Las que han sido sus parejas o las que siguen siéndolo, (muchas de ellas sin saber que lo son de manera simultánea con otras). Las que han escuchado de la boca del PNI una sarta de mentiras, las que están inmersas en un pantano fangoso y que el depredador las sumerge un poco más cada vez que puede. Están las que necesitan ayuda y piensan de manera distorsionada que es el PNI quien les brinda apoyo, pero por más que extienden su mano, el narcisista simplemente las mira de reojo con esa sonrisa suya tan característicamente cínica y sigue actuando como solo él sabe que lo hace. Con las víctimas es un verdadero tirano. Así el PNI, ¿o más descarado?

Resulta paradójico, pero en una relación, el PNI exige a más no poder el amor absoluto que su pareja deberá profesarle y, al mismo tiempo, envidia en ella la capacidad que tiene de amar, y que él nunca logrará experimentar. Es en la fase de enamoramiento cuando el narcisista verá en su máximo esplendor el amor que su pareja le ofrece de manera incondicional, y será en la fase de la descalificación y descarte cuando el PNI disfrutará con sadismo haciendo trizas ese amor que su pareja seguirá intentando mantener vivo a pesar de todo.

Solo una víctima del ciclo narcisista puede entender lo escrito en el párrafo anterior, pero cuando la víctima ha salido de ese espacio, leerlo una y otra vez no le parecerá absurdo, sino que le ayudará a fortalecer esa inmunidad que, a partir de algún momento, para siempre poseerá.

Cuando inicié contacto con mi PNI —ya que sabía de su existencia años atrás y *lo admiraba y apreciaba como una persona de gran valor humano*—, su vida emocional se había derrumbado. Recuerdo que frente a mí, se ubicó como la víctima más víctima de las víctimas, me hizo saber de todas las formas que le fueron posibles que en mí había encontrado el apoyo que nunca había recibido en su vida, en poco tiempo fui nombrada su alma gemela y yo lo creí llanamente. ¿Cómo fue eso posible? En mi caso el tiempo jugó a su favor, pasaron años durante los cuales yo lo observaba como una grata persona, y ya que el contacto era superficial y dentro de un grupo, los miembros de este, incluyéndome, solo podíamos ver su máscara dorada. Reléase el anterior paréntesis: *lo admiraba y apreciaba como una persona de gran valor humano*. Hoy puedo ver con claridad, que por alguna razón yo estuve, sin saberlo, dentro de su lista de víctimas a depredar. De él conocía únicamente la máscara de una persona a quienes todos admiraríamos con facilidad. Su rostro de aparente bondad le ha dado el aprecio de muchas personas, como yo, ignorantes de su gama de máscaras y de su condición psicopática narcisista integrado. Hoy puedo entender que haya otros que han visto caer sus máscaras dejando al descubierto su naturaleza depredadora, cuando en un principio, al escuchar sus historias de vida, era claro que él era la única víctima. Me topé con un auténtico PNI cara de Santa Claus.

Tal y como lo expresé en las primeras páginas de este libro, todas las dificultades por las que atravesaba en aquella época, no eran nada comparado con las puertas de un infierno que el PNI abría para que yo entrara. Y entré.

En el trayecto de mi recuperación pude ir atando todos los hilos sueltos y las zonas de vulnerabilidad que dicho PNI detectó hábilmente para atraerme. Ya he ido contando algunas de las vivencias particulares con él, y la lista no terminaría… en casi diez años hay pocas cosas que no sucedieron.

Muchas personas hemos pasado por lo mismo, y uno de los más graves problemas es que las víctimas se sienten más solas que nunca, pensando que solo ellas han vivido o están viviendo esa experiencia. Eso las mantiene aisladas, intentando hacerse cargo de la circunstancia, el dolor y, sobre todo, de la confusión.

Expertos en el tema hacen referencia a la existencia de ese «molde» en las personalidades psicopáticas narcisistas. Cada PNI es según su estilo, pero utilizan sin duda las mismas artimañas. Cada vez que escucho a una víctima narrar su experiencia es como si ella relatara la mía y la de muchas otras personas que han sido presas del ciclo psicopático, eso es algo que no deja de sorprenderme y, al mismo tiempo, me brinda un dejo de esperanza pensar en que la difusión de información constructiva y preventiva, puede hacer mucho bien. La difusión de contenido en torno a la condición psicopática integrada evita que muchas personas se conviertan en víctimas.

Saber de este tema nunca estará de sobra.

Quizá, en mi caso y en el de muchas otras víctimas, otra cosa habría sido de contar con información acerca de la psicopatía narcisista integrada. Sobre todo, tener la información para detectar a tiempo las señales de alerta y así haber evitado entrar en el círculo, porque una vez atrapados en él, es muy difícil salir sin haber sufrido los daños directos y colaterales de un PNI.

FASE IV

Disonancia cognitiva

9

Montaña rusa de emociones

Ya hemos dicho que la etapa de devaluación comienza como el típico juego de quita y da, da y quita. No entiendes lo que sucede, pero difícilmente podrías pensar algo negativo en contra del PNI. A pesar de sentir que eres un objeto en uso, lo mirarás con ojos bondadosos; alguien como tú, solo puede mirar y actuar con empatía. Se ha instalado la etapa de los conflictos. Sucederán una tras otra las reconciliaciones, llegarán momentos de crisis y otros de euforia, transitarás por una montaña rusa de emociones. *Me quiere, no me quiere, me quiere, no me quiere*, cual pétalos de una margarita retumbarán en tu cabeza tantas veces que no lo puedes ni imaginar. En ti se incrementan las dudas y una sensación inquietante te embarga, pero, de manera inexplicable, sigues pensando que deberías sentirte afortunada.

El vínculo traumático comienza a echar raíces, cada vez te sientes más dependiente del PNI. Cada vez piensas que lo amas más, cada vez él te controla mejor. El psicópata narcisista integrado opera en tu psiquismo de un modo escalonado y repetitivo: el ciclo de bombardeo lo utiliza como mantenimiento para que sigas a su lado, pero cada vez más indefensa; la devaluación es constante así como el descarte inesperado ante nimiedades.

El descarte es temporal: te hace la ley del hielo a manera de «castigo». Una y otra vez, vuelta a empezar, es un ciclo recurrente. El PNI sabe que así debe tratar a sus víctimas para obtener las dosis de combustible necesarias, las explosiones emocionales le dirán que lo ha logrado, te ha sacado de tus casillas. Son tus reclamos, lágrimas, reproches, sentimientos profundos de tristeza y aislamiento lo que el PNI busca detonar en ti a través de sus mentiras, engaños, burlas, comentarios llenos de ironía, desapariciones repentinas, apariciones con excusas absurdas y alguna flor que encontró en el camino hasta la puerta de tu casa.

Tu cabeza se va llenando de humo y viento ante los ojos asombrados de la gente que está a tu alrededor, te aíslas paulatinamente.

Frente a tus ojos, al hombre perfecto le han salido —como por arte de magia— tres facetas:

a. El hombre cariñoso...
b. es también el hombre cínico y, además...
c. es el hombre misterioso que aparece y desaparece.

Pero tú no ves las facetas por separado, para ti es una misma persona y sueñas en que muy pronto sea como según tú «siempre ha sido», es decir, el inciso a.

Con el establecimiento del vínculo traumático, la víctima solo podrá ver a una persona mientras va pensando que las facetas representan algunos rasgos que aludirá a la edad, al exceso de progesterona, a la historia difícil que el PNI ha vivido, incluso, la víctima dudará de si es ella una de las causas del comportamiento de su pareja. En el fondo, la víctima solo piensa en recuperar el rostro de ese ser ideal que imagina es aquel a quien conoció en la etapa del bombardeo amoroso; sus ojos desean recuperar al hombre casi perfecto, al príncipe atento, caballeroso en extremo y dedicado a… ¿hacer feliz a su víctima?

Llegará un momento en que todo quede claro, cuando ella pueda verlo en todo su contexto y la perversidad que hay en él quede al descubierto. Llegará el momento en que ella por fin se sienta libre. Pero ese momento a veces tarda, ya que la víctima está atada con un lazo psicológico.

El vínculo traumático es el mismo que se conoce como el Síndrome de Estocolmo, aunque aquí, con el PNI, las rejas que encarcelan a la víctima sean invisibles y, muchas veces, las ataduras imperceptibles a los ojos del club de fans y peones que resguardan, sin saberlo, la imagen de un canalla.

La víctima ama al PNI y la esperanza no la abandona, piensa que de un momento a otro volverá ese a quien ha idealizado, creerá fervientemente que el hombre de la etapa primera, de cuando se conocieron, está pasando por un mal momento. Vive atada al recuerdo de ese príncipe y se repite que habrá de esperar para que todo vuelva a su estado original. Con frecuencia piensa —haciendo eco de las palabras del depredador— que nunca antes había conocido a un hombre como él.

El PNI ha realizado muy bien su estrategia de implantación del vínculo traumático, la víctima está convencida de que no existe sobre la faz de la tierra otro hombre igual.

El PNI no es solo a), b) o c) sino una amalgama amorfa e impredecible, pero eso es imperceptible para la víctima. Esas facetas son una mezcla confusa de personalidades, algunas veces contrarias, pero reunidas bajo un mismo rostro.

El viaje en montaña rusa parece inacabable.

La relación podrá tener nuevas pero breves fases de bombardeo, como ya has transitado las tres etapas, ahora cada vez que surgen te aferras a esas llamaraditas, pensando o diciendo que quizá está arrepentido. Una mujer empática y enamorada puede quedar mucho tiempo enredada en el ciclo.

Te preguntarás por qué el narcisista continúa haciendo girar el ciclo, ¿para qué se vale de esos nuevos pero pequeños bombardeos amorosos? La razón es simple, el PNI es en el fondo tan inseguro, que prefiere mantener cautivas a todas sus víctimas a la vez que avanza en la conquista de novedades, es decir, acumula pero sigue en la tarea de nuevas adquisiciones. Acumular y adquirir son verbos que nos llevan a pensar en objetos y por ende resulta chocante leer lo anterior, pero no podemos olvidar que para un PNI las personas, es decir los demás, somos eso, simplemente objetos utilitarios. El psicópata narcisista integrado vive como un acumulador compulsivo de relaciones y eso no le causa ninguna encrucijada, no tiene conciencia moral alguna que le advierta del riesgo en el que está metido.

Durante estos giros en la relación, las cosas pueden ir momentáneamente bien para luego, en un instante, darte cuenta de que las cosas van de mal en peor. En el siguiente capítulo hablaremos del famoso triangulo narcisista, pero antes, veamos el resto de las estrategias que en este punto de la relación son cosa de todos los días.

Al PNI ya no le importa quedar bien contigo, sabe que estás envuelta en esa bruma psicopática y puede hacer contigo lo que quiera, siempre y cuando no lo note alguien más, ya que sigue cuidando su imagen pública, pero la degradación hacia ti va en aumento. Pareciera que nada lo detiene en el acto de hacer daño.

Estas son algunas de las herramientas de manipulación que el PNI utilizará con más impunidad que nunca a partir de este momento, si es que no las ha utilizado ya:

1. **Sarcasmo:** humillan en forma de queja e insulto. Burlas o dichos irónicos para ridiculizar. Son expertos en la frase punzante que va mucho más allá de la superficie de las palabras. En esta herramienta hay ira encubierta.

2. **Ocultamiento de información:** utilizan narrativas a modo, relatos adaptados a su propia conveniencia. La realidad es que muy probablemente llevan años con vidas paralelas.

3. **Manejo del tiempo:** a través del retardo táctico, la prisa, los olvidos, confusiones de fechas o de horas logran mantener en alerta constante a sus víctimas, esto resulta agotador si se vive de manera cotidiana.

4. **Memoria selectiva:** a pesar de que los hechos pudieran dejarlos en evidencia, solo recuerdan lo que les conviene. Frases como «yo no dije», «yo no hice», «yo no acordé ni prometí eso…» son parte de esta herramienta.

5. **Transgresión de límites:** de pronto todo lo tuyo es suyo; tu tiempo, dedicación, amor y atención solo son válidos en tanto estén dirigidos a él. Interfiere cada vez más en tus decisiones, con tus allegados, en fin, cada vez más te queda la sensación de que está apoderándose de tu vida.

6. **Insultos indirectos:** las frases disfrazadas son su especialidad, tanto, que a veces pasan desapercibidas y puede hasta utilizarlas frente a otras personas de manera casual. «Es medio tonta», «luego te explico», «otra vez lo mismo», «siempre es así, pero la quiero».

7. **Ensalada de palabras:** para confundir y agotar, para robar tu energía, para desatar un pleito o una discusión acalorada. El PNI dice frases inconexas, fuera de sentido o incluso contradictorias en medio de peroratas y acusaciones.

8. **Proyección de culpa:** te acusa de algo que él mismo está haciendo. Aunque lo que diga carezca de bases o fundamentos, lo utilizará para evadir responsabilidad de sus actos. Puede acusarte de mentir, de ser infiel, de injusticia, pero si miras el polo opuesto de su acusación sabrás de dónde vienen sus palabras, lo más probable es que surgen de sus propios actos.

9. **Intimidación:** las amenazas son una herramienta de los psicópatas narcisistas integrados, por lo general no habrán de cumplirlas, o solo en parte, ya que a través de ellas ejercen control en sus víctimas. Frases como «me voy», «no asistiré a la cena navideña», «no gastaré más dinero en…», son utilizadas para trasgredir acuerdos tácitos en una relación de pareja.

10. **Minimización:** todo lo que tú haces no vale, cuando llevan a cabo una tarea juntos el PNI se llevará todo el crédito aunque hayas sido tú quien realizó la mayor parte. Nunca comparten el mérito.

11. **Desgaste gota a gota:** prácticamente vacían tus ganas de vivir, te quitan toda la energía. De manera silenciosa repiten una y otra vez los eventos nimios que van debilitándote, cada vez te sientes más cansada y, muchas veces, no sabes ni porqué.

12. **Indiferencia:** cuando tú te sientes llena de emoción por algo, el PNI puede reaccionar así para desestabilizarte, luego quizá te dirá que estaba distraído, preocupado por otros asuntos o simplemente no puso la debida atención a lo que le compartías. Esta estrategia la puede utilizar para luego recurrir a un breve bombardeo amoroso. El resultado de esas constantes desestabilizaciones, harán mella en tu estado anímico a través de una sensación de tristeza permanente.

13. **Invalidación:** de todo lo que quieras aportar a la relación te hará saber, sin decirlo, que tu opinión no es válida. El PNI trunca el emprendimiento de sus víctimas si este no le representa beneficio directo a él. Tus deseos de superarte, por lo general, no serán alentados.

14. **Ira narcisista:** en privado un PNI explota de manera iracunda de un momento a otro, pero nunca lo hará en público. Algunos ejemplos: de puertas adentro su móvil puede volar por los aires y quedar estrellado en la pared; el PNI se levantará de la mesa cuando algún comentario tuyo lo exhibe de alguna manera; o si lo has pillado flagrante en un delito moral no podrá contener su enojo y recurrirá a la violencia verbal o física.

Mantener la calma ante sus estrategias es lo mejor que puedes hacer. El dominio de tus emociones hará que el PNI no se vea retribuido con el combustible de tus reacciones exacerbadas. Sin embargo, eso no es una razón para permanecer a su lado. A través del tiempo, las provocaciones hacia ti irán en aumento, hasta hacerte estallar. La técnica que en psicología se llama la piedra gris, que consiste en no reaccionar ni engancharte, es útil para momentos de emergencia, pero no para adoptar un modo de vida al lado de un psicópata narcisista integrado. Hacerlo sería un suicidio de tu parte, ¿de qué vida estarías disfrutando? ¿Sería eso vivir?

Recuerdo una escena con mi PNI durante las últimas semanas que permanecí a su lado, me encontraba prácticamente rumiando cómo realizaría la ruptura del vínculo. Frente a mis ojos se había desmoronado la relación que consideraba perfecta, la persona a mi lado pasó de ser un príncipe de carne y hueso a un mero olor putrefacto e intolerable, no encontraba una manera de nombrarlo, era como si pudiera ver todas sus máscaras desparramadas en el suelo. Ahora sus mentiras y poses resultaban patéticas y quizá él comenzaba a darse cuenta de que algo en mí había cambiado o en el peor de los casos que su psicopatía narcisista integrada estaba al descubierto. Pero en mí había algo todavía que me mantenía atada al ciclo psicopático o simplemente no encontraba la manera de salir de ese embrollo.

Aquella tarde su ira narcisista llegó a límites insospechados, yo le había encarado la falta con toda la claridad que me fue posible, él estaba entre la espada y la pared, no había mentira que le ayudara a escapar de esa jugarreta. Mientras yo esperaba una respuesta, vi en su rostro la maldad que nunca antes había visto, sus ojos se tornaron salvajes y por primera vez temí por mi vida. Pero estaba segura de que eso era lo último que debía mostrar, temor, de hacerlo correría grave peligro. Le dije en voz pausada que había traicionado mi confianza al cien. En ese momento su rostro iracundo parecía a punto de estallar, de su boca salieron las palabras y obscenidades que nunca le había escuchado decir, no a mí, y sus manos desabrochaban torpemente su cinturón. Parecía a punto de darle a alguien una paliza. No estaba dispuesta a darle ni un milímetro de combustible, no dejaría asomar de mí ninguna emoción que lo favoreciera. Con voz suave pero firme le pregunté: «XX, ¿a quién quieres pegarle?, por supuesto a mí no.» Yo no sabía lo que pasaría en ese momento, pero era lo único que sabía que debía decir. No había nadie más en casa. El rostro del PNI pareció descolocado, no supo cómo reaccionar, ahora estaba más que mudo. Fue evidente que no esperaba esa reacción de mi parte. Tomó sus llaves y se marchó. Aquella tarde era un 24 de diciembre, la cena y celebración familiar estaba lista, pensé que no volvería a verlo, sin embargo llegó puntual a la hora de la cena. Su participación parecía lejana pero no denotaba ni un rastro de arrepentimiento por lo sucedido. Fue en esa Nochebuena la fecha exacta cuando supe que mi pareja era un psicópata narcisista integrado. Ahora yo no tenía ninguna duda, sino la certeza de los hechos. Esa noche, la memoria de una década llegó a mí como un regalo. No dormí aunque deseaba hacerlo. Había comenzado la escritura de estas páginas, mi mente y las palabras se agolpaban con las ideas de lo subsiguiente. Debía ordenar mis pasos, debía poner al tanto a mis hijas, ordenar asuntos legales, financieros, laborales, y definitivamente poner punto final a la relación. Al cabo de dos meses, una tarde a principios del mes de marzo, le pedí que se retirara para siempre de mi vida. Me aseguré de citarlo en un lugar público, un apacible café rodeado de mesas llenas de animadas charlas. Fue una extraña casualidad que esa tarde él se viera rodeado de mujeres a quienes, por cierto, miraba con desconfianza, quizá temía que todas las presentes estuvieran ahí para observar lo que sería la disolución de un ciclo psicopático. Ninguna de ellas sabía lo que pasaba, pero de ese ambiente percibí compañía, no estaba sola y estaba a punto de dar un gran paso.

Mi alma gemela, mi PNI, estaba seguro de que siempre me llevaría atada o que me dejaría tirada cuando fuera él quien lo dispusiera. Estaba mudo, igual que yo aquella Nochebuena cuando constaté su condición psicopática.

Un PNI está acostumbrado a llevar siempre las riendas. En medio de la algarabía y en una tarde espléndida, «Hasta aquí llegamos, no eres la persona que aparentas ser, ni frente a mí, ni frente al mundo», fue la frase que acompañó mi breve, pero definitiva ruptura. Su primera pregunta fue «¿Qué le voy a decir a la gente?» …y para esas palabras no hay comentarios. Mediaron algunas firmas, ya que me aseguré de llevar documentos bancarios, le expliqué acuerdos prácticos, pero ninguna palabra cercana. Por unos minutos allí, y durante un par de horas mientras atestiguaba su salida de mi casa con sus pertenencias, debía transformarme en un hielo, y pude hacerlo, ya habría tiempo de desahogarme en llanto. Ya habría tiempo de emprender el camino de la recuperación…

A mi PNI se le cerraba de pronto el telón de una de sus farsas.

10

La triangulación narcisista

Una de las estrategias de manipulación favoritas de los psicópatas narcisistas integrados es la triangulación. En ellos, es la estrategia de estrategias. La usan como una herramienta para aumentar su sensación de valor y para, al mismo tiempo, devaluar a sus víctimas. Es un mecanismo de manipulación indirecta que poco a poco va deteriorando a las personas cercanas al PNI. Con la triangulación los PNI fabrican discordia. Crean celos en sus víctimas, de manera artificial.

El PNI desde el inicio de la relación ha ido desarrollando en ti la dependencia emocional, y es en la etapa de triangulación cuando surge en carne viva. Detrás de la dependencia existe un dolor más profundo que es la búsqueda de estabilidad y permanencia en un entorno cambiante. La dependencia es la falsa ilusión de no estar solo, sin embargo la dependencia no erradica la soledad sino que la aumenta.

Es muy probable que en tu relación de pareja con un PNI tu intuición detecte la presencia de terceras personas, y estás en lo cierto: el manipulador maltrata psicológicamente a sus víctimas usando a otras víctimas o en proceso de serlo, para luego, a través de la proyección, acusarte de ser una persona celosa. Nota importante, una cosa es la vida oculta del PNI y su cauda de relaciones paralelas y otra, además, es la herramienta de la triangulación. La segunda es una herramienta que sabe le es útil para depredar a la luz del día y frente al mundo entero.

Los PNI crean competencia a través de las comparaciones. ¿Recuerdas alguna ocasión en la que te encontraras como observador y, además, como una de las partes en competencia? Los psicópatas narcisistas integrados hacen notoria una aparente alta demanda de su persona, se sienten por encima de los demás, y, para lograr ese efecto, los colocan en modo de competición.

Nunca fui una persona insegura ni celosa, sin embargo, la relación con mi PNI detonó inexplicablemente sentimientos de este tipo.

El triangulador, de manera casual, introduce a terceras personas con el fin de enfrentar «rivales». La estrategia del manipulador puede ser fincada en terceros reales o imaginarios, no importa, el efecto en su víctima es prácticamente el mismo: la pareja siente amenazado el vínculo con el PNI, por lo tanto, surge el antagonismo. Además, doblan el efecto de la estrategia al fabricar en ti la vergüenza, haciéndote pensar que no eres alguien valioso ni digno de estar a su lado.

En una pareja, entre lo normal y sano está establecer una relación afectiva que brinde exclusividad, intimidad, armonía, resguardo, lealtad y apego limpio a ambos, es decir crea un espacio sin cabida para terceros. Pero un PNI no puede establecer vínculos afectivos profundos, ya que su espectro emocional es muy reducido, y la idea de unicidad de pareja le resulta irrisorio.

Un psicópata narcisista integrado no es capaz de sentir ni dar amor a otras personas, por lo tanto, si su víctima es solamente una, esto le parecerá tiempo perdido, y por ello es capaz de manipular emocionalmente a varias personas a la vez. Aunque se esfuerce por demostrar amor, esto será una mera actuación, ya que en su interior habita un vacío estructural que lo mantiene en un estado de rabia, frustración, ira y, sobre todo, como ya lo vimos, envidia.

Las personas empáticas no podríamos siquiera imaginar cómo es esa imposibilidad de amar, y no me refiero a una acción reprimida o a un trauma particular del PNI, sino a una fractura estructural en su personalidad. El amor es algo que no existe en su rango, en su espectro de capacidades, por lo tanto no lo logra comprender.

Un PNI es sinónimo de un ego pobre, de un yo debilitado, que vive cada día con el miedo a ser descubierto; el psicópata narcisista teme no ser valorado, él sabe bien quién es y por ello hace lo posible por ocultar esa miseria emocional.

Durante la triangulación viven una sensación extraña: se llenan de adrenalina tóxica que les hace sentir vivos. Logran que otros compitan por su «amor», «atención», «escucha», «abrazo», en fin, cualquier cosa que él pueda en apariencia ofrecer. Mientras él goza sintiéndose deseado, disfruta como atento observador, la disputa que él mismo ha armado maquiavélicamente.

La triangulación funciona porque las víctimas no saben que están siendo manipuladas, y no lo saben porque el PNI es hábil para pasar desapercibido y para alinear a los demás de acuerdo con sus objetivos. Por eso el caos es constante: dividir para controlar.

Ninguno de los participantes, excepto el PNI, sabe la realidad, ya que no hablan entre ellos, pero todas las partes sí están en comunicación con el narcisista, cuyo papel es ser el conductor de la orquesta, el director de la obra.

Si tu pareja es un PNI sabrás que estás conviviendo con un hoyo negro que busca torturar debido al deseo de alcanzar un goce perverso.

El ego de un PNI es insaciable y eso desestabiliza emocionalmente a sus parejas.

Aunque saber es doloroso, tener la información necesaria y fidedigna es la única manera de ponerte a salvo, ya que cuando no entendemos algo, podemos seguir dentro de la maraña de la situación, sin importar cuánto tiempo pase.

De parte del PNI, la triangulación es una actuación deliberada. Le gusta tener el control en sus manos, como buen manipulador siembra desconcierto en sus víctimas. Estimula y fomenta la rivalidad a través de un patrón particular de comportamiento para controlar a las personas con quienes le unen vínculos afectivos.

Lo único a lo que no puede hacer frente un PNI es a su propio miedo de ser descubierto en su teatralidad, y no por otra cosa sino porque eso le impediría seguir depredando sin ser captado.

Triangula y no desperdicia tiempo para hacerlo, por eso antes de cualquier paso, hasta aquí ha quedado claro, el PNI elije muy bien a sus víctimas; no le gusta el no, por eso adula, bombardea, llena de regalos y detalles a sus víctimas hasta dejarlas paralizadas; no le gusta perder, por eso evita los sitios o circunstancias donde él no tiene el control de mando, no faltará a ningún evento o sitio donde pueda brillar como un sol de mediodía, su zona de confort es ser el centro de atención. Es superficial, le gusta que lo envidien, ya que su autoestima aparentemente grandilocuente, es frágil y disminuida, pero logra sostenerse con la admiración externa. El PNI triangula porque es un cántaro de esos muy redondos pero huecos en el fondo, listos para ser llenados con palabras, miradas, admiración, embelesamiento, lágrimas, súplicas, todo aquello que sus víctimas puedan proporcionarle a través de las emociones y sentimientos que ellos no tienen manera de experimentar pero sí de absorber como su combustible en otros.

Yo todo esto nunca lo vi venir, hasta que me encontraba en medio de la triangulación. La primera vez actué en pro de salvar la relación, pero luego, cuando me di cuenta de que a esa primera vez le seguirían muchas otras situaciones similares, en mí surgió un mecanismo de defensa inconsciente y extraño: comencé a pensar que en realidad mi pareja tenía algo de especial que lo hacía atractivo a los ojos de muchas personas, y si era alguien único, perfecto, era lógico que de manera natural y frecuente fuera deseado por los demás. Ilusa de mí, a lo largo del último año de relación, poco a poco, fueron cayendo los velos que antes no me dejaban ver que estaba frente a un psicópata narcisista integrado, y como tal su actuación era deliberada. Pero fue hasta después de terminar la relación, durante el proceso de recuperación del ciclo narcisista cuando tuve este tipo de descubrimientos. Me di cuenta de que mi PNI es un experto manipulador emocional y hábil en las artes de la triangulación. Por ello era frecuente que, en los momentos más inesperados, aparecieran casualmente personas en el mismo lugar donde estuviéramos nosotros, ya fuera en el cine, el teatro, alguna exposición, es decir, en planes sin mayor relevancia en los que la probabilidad de coincidir en día y hora con ciertas personas en particular, eran prácticamente nulas.

Los PNI se valen de la estrategia de triangulación colocándose como vértice y actuando conscientemente para reforzar su yo empobrecido, para subir sus bonos, para detonar el deseo que otros puedan sentir por ellos.

Fue durante (y no antes) las últimas semanas de relación con el PNI que me di cuenta de lo burdo de esta estrategia. *Qué tarde*, me dije, porque me quedó claro que, a lo largo del tiempo que compartimos, la triangulación siempre estuvo presente. Mis mecanismos de defensa internos fueron clarificándose mucho tiempo después.

Mirando hacia atrás, muchas veces me sentí confundida, celosa, insegura, a pesar de que luchaba racionalmente contra eso que yo no era. En sus frases y actuaciones había dolo y malignidad, pero yo no lo percibía. Durante el proceso de recuperación esto fue algo que me dolió reconocer: el PNI había manipulado muchas circunstancias en el pasado sin que me hubiera percatado en lo más mínimo. Recuerdo las llamadas inesperadas que recibía en medio del desayuno o la cena y a las que dedicaba atención desmedida, cuando colgaba el teléfono su discurso era benevolente hacia la persona que había llamado, «pobre x, con lo que le ha pasado debo buscar la manera de ayudarla» o bien «sé que es incómodo que me veas hablando con x, pero no encuentro la manera de deshacerme de ella». Sus frases lo elevaban de valor ante mis ojos y lograban una animadversión hacia aquellas personas. El vínculo traumático con el PNI estaba instalado en mí de manera que percibía la realidad a través de lo que él quería.

Tener acceso a la información respecto a la condición inalterable y definitiva de los psicópatas integrados evitaría que mucha gente cayera en las garras de alguno. Los incautos no caemos sino por desinformación y cuando nos damos cuenta de que hemos sido estafados emocionalmente han podido pasar incluso años.

Hay personas que no se liberan nunca de sus PNI y quedan dañados de manera irreversible.

Por esto me leerás insistente y repetitiva en este aspecto, pero la difusión del tema es parte fundamental, incluso de tu recuperación. Si sabes de alguien que vive una situación así, busca la manera de allegarle información de valor, no podemos hacer nada por salvar a otros, sino regalándoles datos concisos con la esperanza de que puedan salir avante por sí mismos.

¿Cómo logran triangular?

Con la triangulación el manipulador altera conscientemente a sus víctimas, haciéndolas sentir que están a punto de ser despojadas de su «valiosa» relación. Los PNI saben muy bien cómo activar la dependencia emocional.

En la actualidad sigue siendo un tema de investigación el hecho de que los psicópatas narcisistas integrados actúen de manera similar unos y otros.

Existen algunas tácticas comunes que el PNI utiliza para triangular, aquí te comparto algunas de ellas:

1. **Flirtean.** Tienen el hábito de coquetear sin recato para luego negarlo de manera cínica y descarada.
2. **Excluyen.** Te hacen sentir fuera del chiste, de la conversación o de la broma, de manera sutil o abiertamente.
3. **Extraen.** Se allegan de información valiosa para generar intrigas, comparten datos privados de unos hacia otros.
4. **Implantan.** Informan en sigilo, como quien comparte algo a quien le tiene confianza, lo hacen para dividir grupos o personas.
5. **Devalúan.** Incluso son capaces de diseminar mentiras de quienes les resultan un estorbo o peligro.

6. **Idealizan.** Hablan maravillas de las personas reales o imaginarias frente a la pareja. Con esta táctica activan el triángulo.

Mientras estudiaba la carrera de psicología el tema de la psicopatía narcisista integrada fue cautivando mi interés, quizá en el fondo intuía lo que no alcanzaba todavía a ver con nitidez, aun hoy me parece preocupante al ver que no se estudia a profundidad el tema en las universidades. Por fortuna, hay cada vez más datos e investigaciones disponibles al respecto. Fue un hecho fortuito que el tema llamara mi atención, estaba descubriendo y estudiando al respecto y, además, sin saberlo, tenía un espécimen en casa, a mi lado como pareja. Uf, qué laboratorio, teoría y práctica. Nunca imaginé que esto llegaría a pasar, en realidad no sé si el tema me apasionó tanto y por eso descubrí la condición de mi PNI o si el descubrir su condición psicopática me orilló a bucear, a manera de impulso de sobrevivencia, en las profundidades del tema. No lo sé, quizá fue una combinación de las dos cosas.

Llegó el tiempo en el que fui atando cabos, las últimas veces resultaron hasta irrisorias. En una ocasión, al llegar a casa el PNI me mostró una bolsa de regalo que contenía una botella de vino, su rostro queriendo aparentar zozobra y sus palabras a monosílabos diciendo «me lo regaló x… (pausa)… (mueca)… y cuando me lo dio… ella me dijo, *por el gusto de dárselo*». Era mucho teatro para un simple regalo, ¿no? Yo conocía bien a quien se lo había regalado, incluso es alguien a quien aprecio, así que esta vez el intento de la triangulación tuvo un efecto contrario, pude ver en el PNI un rostro que esperaba una reacción de molestia, observé mientras él acechaba ansioso alguna dosis de combustible negativo. El regalo estaba envuelto con diseño navideño, por cierto, era febrero. Mi PNI tenía las horas contadas, no por una regalo navideño en febrero, sino por el cúmulo de eventos con los que podría formar una montaña, y que ahora se revelaban más claros que el agua, había tomado la decisión de ponerme a salvo, debía dejarlo cuanto antes fuera de mi vida.

Además de las tácticas para triangular que ya vimos en párrafos anteriores, hay estos elementos cruciales que el PNI utiliza en este proceso:

Provocación + Negación = Vergüenza + Dolor

Primero provoca y después lo niega todo, para finalmente generar vergüenza, dolor y humillación en sus víctimas.

Provocación: te hace explotar incluso frente a otros, eso le conviene porque al mostrar tus puntos débiles, hace que los demás te perciban como una persona desequilibrada. La provocación funciona igual en privado, en ese caso le resultará más fácil pasar al otro lado de la ecuación: infringir dolor y vergüenza.

Negación: nunca aceptará nada, todo tendrá por respuesta un no. Incluso hasta puede cambiar de conversación para evadir cualquier responsabilidad en maquinación.

Vergüenza: es también el acto seguido a la provocación, sobre todo cuando esta se lleva a cabo en privado. Con cinismo un PNI puede aceptar sus actos, pero acompañado de frases que desvalorizan por completo a sus víctimas, «te soy infiel porque no eres suficiente», «tú me orillaste a eso», «por eso me voy», «no vales», etcétera.

Los psicópatas narcisistas integrados saben que con su bombardeo amoroso han generado en sus víctimas la adicción a ellos, por lo que no temen utilizar estos tres elementos con frecuencia. De las reacciones de sus víctimas ante el cohecho obtienen el combustible negativo al que son adictos ellos. Viéndolo de afuera parecería incomprensible que esto suceda, sin embargo, en el cerebro de las víctimas el vínculo traumático se encuentra activo, y estar dentro del ciclo hace muy difícil ver con claridad los hechos y la circunstancia. Toda víctima abrirá en un momento los ojos, eso está comprobado, pero el tiempo de la caída del velo varía de una persona a otra.

Es importante retirarte de cualquier competencia cuando tu narcisista está creando una situación absurda y maquiavélica. Pero más importante es mantenerte lejos de ese y de cualquier otro psicópata narcisista integrado.

La triangulación es una carrera sin línea final y puede convertirse en ciclo interminable, es la repetición que te denigra y va debilitando gradualmente. En la cima del trípode siempre está el narcisista con los hilos en la mano con los que, cómodamente, mueve a su antojo a las víctimas, para luego deleitarse con el espectáculo cuyo protagonista central es él. Algunas veces corre la cortesía de invitar a un público selecto al espectáculo, cuando desea hacer la transición o el descarte de alguna de las otras partes y le resulta útil tener testigos de la escena.

¿Cómo reaccionar ante la triangulación?

Encontrarse en medio de una situación así, es por demás incómodo. Cuando la víctima comienza a dialogar con el PNI, buscando resolver o entender la situación, la madeja se enredará en un dos por tres. El PNI es un malabarista de palabras, eso no lo olvides nunca. La manera en que puedes desestabilizar el espectáculo podría resumirse de la siguiente forma:

1. Ignorar
2. Responder sin reaccionar
3. No brindar al PNI el combustible emocional que requiere
4. Dirigir la atención abruptamente a otro punto

¿Cómo salir de la triangulación?

Simplemente haciéndote a un lado. No permitas que nadie te enfrente con alguien más. Antes de engancharte en una acalorada discusión, valora si es necesario, ya ha sido mucho el tiempo que él te ha utilizado cual objeto.

Salirte del triángulo narcisista implica que la figura geométrica creada por el PNI se quedará sin uno de sus vértices y él no tendrá manera de sostenerse, caerá como en resbaladilla directo al suelo. Sin quererlo, estarás también ayudando a la otra víctima, así que el PNI se irá en busca de otro triangulo, tiene muchos, de eso no hay duda, en su vida las listas de víctimas son extensas. Recuerda que, al mismo tiempo que contigo, el PNI está viviendo otras realidades de manera alternativa.

Durante la relación con mi PNI, antes de conocer la técnica de triangulación, muchas veces hube de decirle que lo que él hacía ponía en contra a las personas. Lo practicaba con sus alumnos; con sus hijos que por suerte no eran los míos; con sus allegados y compañeros de trabajo; parecía aprovechar cada ocasión donde

158 · PERFIL DEL PSICÓPATA NARCISISTA INTEGRADO

le resultara fácil dividir grupos y en él no había ni una pizca de dolor al hacerlo. Si lo hacía con otros, ¿por qué nunca pensé que yo también era víctima de esos movimientos? En mi caso siempre tuve la defensa dirigida hacia él, no imaginaba que en su modo de actuar hubiera dolo, sí percibía cierto exceso de narcisismo pero nunca pude ver lo maquiavélico. Hasta que un día amanecí preguntándome ¿quién es en realidad la persona que está a mi lado?

En medio de la triangulación un PNI siempre se ubicará en la cima, desde ahí moverá los hilos de las víctimas cual marionetas en una obra de teatro, esa posición de director-espectador le hará entrar en un estado eufórico sin igual, ¡el enfrentamiento de dos personas por un narcisista!

Al interior de todo triángulo narcisista el clima emocional es muy intenso. El PNI juega a elevar el nivel hasta tornarlo patológico, conduciendo a sus víctimas a comportamientos inadecuados, incluso pudiendo llegar a reacciones de violencia verbal y física. Por lo general, la víctima triangulada, al menos en las primeras ocasiones en las que esto sucede, no es consciente de la situación.

Para los psicópatas narcisistas integrados llevar a cabo la triangulación dentro de las relaciones de pareja es pan comido. El amor es el vínculo más fuerte entre las personas, ellos lo saben y se aprovechan de eso.

Un PNI controla a sus víctimas emocional, física y sexualmente. La condición de ser depredador los hace buscar constantemente poder y control sobre otros.

Quizá tu psicópata narcisista integrado te habrá acusado de celosa y controladora en numerosas ocasiones, incluso en alguna discusión en la que él resulta claramente culpable te habrá dicho con cinismo «nadie te creerá», «todos me apoyan», «estás completamente sola»... No te dejes intimidar por sus frases armadas, si bien es cierto que siempre habrá incautos que se ubiquen del lado del perpetrador, también están quienes, al igual que tú, fueron dañadas por tu PNI y, por supuesto, están las personas que serán capaces de entender por lo que estás pasando.

El efecto emocional de la triangulación es severo. Brotes de ansiedad y depresión, aislamiento, somatización de las emociones entre muchos otros, son algunos de los estados en los que recaen las víctimas.

Una relación afectiva con un PNI es una relación disfuncional al cien, lo que debiera ser un apego sano y satisfactorio, en la víctima se torna como una lucha feroz para proteger al ser amado, por ello es imprescindible el autoanálisis de la relación, para saber en qué etapa te encuentras, reconocer el daño que te ha causado y tomar las medidas necesarias para ponerte a salvo fuera del alcance del depredador emocional.

Conocer la manera serial de las actuaciones de los PNI en cuanto a la triangulación así como otras muchas de sus estrategias que hemos ido mencionando en estas páginas, permite a las víctimas abrir los ojos. Tenemos que difundir para erradicar. Los PNI no pueden tener más campo abierto, juntos podemos cerrar la brecha.

Además de los daños por triangulación, sin importar cuál sea la circunstancia, un psicópata narcisista integrado, hará lo posible para que en todo momento te sientas culpable. No lo eres. No permitas que la disonancia cognitiva se haga cargo de tus pensamientos y emociones. No vale la pena. Ahora sabes la mayoría de las cosas que te sacarán de este embrollo en el que fuiste introducida sin previo aviso.

La triangulación narcisista fue activada desde el día uno en que lo conociste. Podrás imaginar que el nivel de promiscuidad del PNI es muy elevado, además, su capacidad de mentir lo convierte en la última persona que desearías tener a tu lado.

No habría triángulos narcisistas si una de las partes se retirara a tiempo, cuando tomas consciencia de lo que en realidad sucede se rompe la estrategia del PNI. Dar un paso hacia afuera es hacer caer al manipulador emocional de su pedestal, es triunfar para uno mismo, por el propio valor, por la propia seguridad.

Cuando te des cuenta de quién es la persona que se encuentra a tu lado, muy posiblemente tomarás cartas en el asunto. Sé tú la prioridad, junto con tu seguridad, tranquilidad y paz mental y emocional. Al sacar de tu vida al PNI que te ha estafado emocionalmente, lo primero será reconstruir tu autovalor. Es un proceso difícil, pero no estarás sola.

No importa el tiempo que has pasado a su lado, es natural sentirte vulnerada, quizá sea difícil por ahora confiar de nuevo, eso ya vendrá, luego. Es momento, antes de cualquier otra cosa, de pensar en ti, de trabajar en recuperar la fuerza y el equilibrio de tu psiquismo.

En psicología, una de las premisas de recuperación del ciclo psicopático más importantes es que la persona pueda sentir amor hacia ella misma, aprender a estar siempre a su favor. Cuando actuamos así, nuestra salud psíquica habrá dado un salto enorme.

Sin embargo, para muchas víctimas el asunto no termina aquí, sino que la triangulación activa el deseo de saber a detalle lo que está ocurriendo. Piensan que desde el exterior se avecinan eventos o personas que desean dañar la relación. Cuando esto sucede la triangulación ha cumplido con su objetivo: desestabilizar a la víctima. Lo que facilita al PNI entrar de lleno en la etapa de la depredación.

Desde el día uno en que lo conociste, él ha saboreado este momento. Poder destruir la estructura psíquica de sus víctimas les asegura que estas, con o sin ellos, no podrán seguir adelante. A su lado la vida les será un martirio y lejos de ellos, un verdadero suplicio.

Lejos de la dependencia emocional

Además de conocer a detalle la estrategia de triangulación y por ende no caer en ella, identificar cuál es la causa de la dependencia en ese momento concreto es un paso agigantado para trabajarla. Observa situaciones de vínculos en los que has repetido un mismo esquema de dependencia, ya sea en lazos familiares, círculo de amigos, trabajo, etcétera. La dependencia emocional no es lo mismo que el apego sano. Somos seres sociales por naturaleza, al compartir la vida con los demás nos enriquecemos, pero también nos enriquecemos en soledad, en comunión con nuestro propio sentido de vida. Cuando establecemos lazos en los que prevalece el afecto surge el apego saludable, y cuando uno de esos lazos se termina, el apego saludable entra en duelo, pero una vez transitadas las etapas, la persona puede retomar su vida y actividades nuevamente.

La dependencia emocional es el efecto dominó de la triangulación, se trata de una dependencia que el PNI va inoculando en ti. La triangulación genera un estado de ansiedad constante. A través de las siguientes preguntas podrás medir el nivel de dependencia hacia el PNI, son cuestiones que te brindarán una luz hacia el interior, con la que podrás mirar algunas historias incluso del pasado. Todo suma, así que regálate un tiempo de silencio y calidad para pensar en torno a ellas. De la misma manera que hemos trabajado los otros cuestionarios, en este señala cada una de las frases con las que identifiques tu estado emocional en relación a tu pareja, al final suma y compara la cantidad de coincidencias contra las que has dejado sin señalar. La dependencia en las relaciones psicopáticas es posible erradicarla en la medida en la que la identificas con honestidad.

TEST «De un tiempo para acá...»	NO	SÍ
Te sientes preocupada por el futuro y la estabilidad de la relación.		
Pasas demasiado tiempo al lado de tu pareja, incluso desatendiendo asuntos de importancia.		
Pareciera que tu felicidad depende de él.		
Cada vez te resulta más difícil estar en soledad.		
El PNI te recuerda que por tus errores algún día dejará de quererte.		
Te sientes insegura al pensar que la relación pueda terminar.		
Consultas al PNI en todo lo que haces o dejas de hacer.		
Te has alejado de tu familia y círculo de amigos.		
Te cuesta expresar tu opinión por temor a contrariarlo.		
El PNI te repite con frecuencia que tu vida y la suya no tendrían sentido sin estar juntos.		
Tanto tú como el PNI pareciera que necesitan constantes muestras de afecto.		
En medio de una discusión o desacuerdo con el PNI te cuesta establecer límites propios.		

Estarías dispuesta a soportar incluso la infidelidad del PNI por no terminar con la relación.		
Te conformas con lo que el PNI dice aunque los hechos o acciones de su parte muestren algo distinto.		
Sientes miedo a la soledad, al rechazo o al abandono por parte del PNI.		
Si no estás con el PNI te mantienes alerta para atender a cualquier mensaje o llamada de su parte.		
El PNI te dice con frecuencia que no podría vivir sin ti.		
Te sientes celosa.		
Dedicas mucho tiempo a ayudar al PNI en todo, prácticamente le resuelves la vida.		
Cuando estás ocupada el PNI te dice que necesita atención o pensará que no lo quieres más.		
Valoras excesivamente al PNI y te sientes afortunada de que alguien como él esté contigo.		

Revisa cuantos Sí's contestaste. ¿Te dice algo?

En una relación de pareja psicopática las formas y estilos de convivencia se transforman paulatinamente. De un tiempo para acá, incluye áreas que te permiten rastrear los cambios en ti de manera individual, a uno le sigue otro, hasta que se instala una nueva dinámica. Al lado de un PNI eres tú quien sufre los embates, a través de sus frases y discursos eres tú la afectada y, por supuesto, la que se esmera en resolver la situación. Sin darte cuenta, de un momento a otro, te sientes la responsable y mueves mar y tierra para que todo funcione, sin saber que es un esfuerzo inútil. Tú tiras de un lado de la cuerda sin saber que el PNI ha soltado el lado que le corresponde y, de esta manera, la relación no podrá sostenerse, ni crecer.

FASE V
Depredación

11

La certeza

Llega el momento cuando para las víctimas ya no queda ninguna duda de que algo no va bien. En primera instancia, buscarás afuera, como lo hemos dicho en líneas anteriores, sin saber que es ahí —dentro del vínculo— donde se desenvuelve silenciosamente el caos. Sin ese estado de desorden generalizado, el PNI no podría dominar como lo hace. Tu relación se ha acostumbrado al caos y eso le permite al PNI manifestar a cada momento el drama.

Si la triangulación te ha sido inoculada de pronto quieres saberlo todo. Te has convertido en la marioneta del PNI. Sientes celos cuando él quiere, es capaz de pulsar el botón de tu enojo y, por si fuera poco, juega despiadadamente con tus emociones. Aparece y desaparece con cinismo, fingiendo que no pasa nada.

Se ha convertido en un torturador. Te deja plantada sin explicaciones y se vale del sexo para reparar cualquier problema. Te das cuenta de que te compara sutilmente y, con ello, va lijando tu autoestima cada vez un milímetro más. Otra forma que utiliza para destruirla es cuestionar y corregirte continuamente. Sin darte cuenta vas haciendo a un lado las cosas que hasta ese momento realizabas con facilidad. Ahora te sientes insegura, dudas de ti, cometes errores y el miedo hace que los fallos se incrementen. Dudas en tu trabajo, en la relación con tus amigos y familia, dudas incluso del entorno.

Cuestionarás tus propias capacidades en todos los ámbitos y el PNI estará allí para ayudar a que sigas dudando, al mismo tiempo que irás delegando todo en él, en su ojo omnisciente y con eso, él consigue aislarte todavía más inoculándote la certeza de tu inutilidad.

Un psicópata narcisista integrado cambia su estado de ánimo constantemente, va del tedio al mal humor en cuestión de minutos. Sus dos o más rostros le siguen permitiendo que el resto de las personas lo vean como una honorable personalidad. Miente, miente, miente. Además, el psicópata narcisista integrado ahora te demuestra que es un as para la ironía, la burla y la denigración.

El PNI, tu alma gemela, es un manipulador de primera. Si le dices que piensas dejarlo, te dirá que no le interesa hablar de ese tema. Están unidos por hilos inseparables. Te recuerda que no vales y que no serías capaz de ir a ningún lado sin su apoyo. Sin tener consciencia lo vas creyendo y con ello tu autovalor se va reduciendo, las ganas de vivir y la ilusión por el presente y el futuro se van esfumando. Es una sensación de estar enloqueciendo, dudas de tus propios pensamientos, incluso de lo que ves, escuchas o sientes. Llegas al límite de no saber si lo que percibes es real y, la cereza del pastel es que sigues pensando que tu pareja es bondadosa y que tienes suerte de que se encuentre a tu lado.

Sus acciones van llegando a los extremos más increíbles: es coqueto hasta los huesos y lo hace sin reparo, ya lo vimos en el capítulo anterior. Pero ahora también tienes la sensación de que se ha convertido en un parásito de tus emociones. Estás en peligro y lo sabes, pero no logras entender la lógica de la situación.

No lo sigas intentando, la lógica es que con un PNI no hay lógica: transita del supuesto amor a la mentira, haciéndote pasar por la culpa y torturándote en ese ciclo en el que estás inmersa.

No entiendes lo que pasa pero quieres hacerlo, necesitas conectar con la realidad pero lo cierto es que las víctimas del PNI cada vez están más lejos de ella. Solo sabes que estás en una relación que no puedes explicarte y además no comprendes cómo fue que llegaste ahí. Estás dentro, muy dentro de un sitio oscuro, donde la puerta de salida no se ve por ningún lado.

Las víctimas de los PNI no entendemos cómo, al inicio, nos dejamos llevar por lo que parecía algo forzado. Lo que sucede es que ahora puedes verlo, antes no. En el inicio de la relación un PNI actúa rápido con el único fin de nublar la realidad impregnándolo todo con un aire perfumado, irreal y fantasioso.

Recuerda cómo habiendo compartido contigo tan breve tiempo ya se autonombraba ¡alma gemela! Y la cosa no quedó allí, sino que te hizo creer la magia de cada una de sus palabras.

Mirar hacia atrás resulta difícil, es incluso vergonzoso, la víctima atraviesa por un periodo de remordimiento y culpa por haber llegado hasta ese punto con alguien que hasta ahora comienza a conocer de cierto. El PNI real es el actual, el que sin reparo es capaz de hacer en tu vida tanto daño.

La manipulación verbal que ejerce el PNI en sus víctimas es muy poderosa.

En torno al comportamiento de los psicópatas narcisistas integrados la psicología ha encontrado que la forma de convivencia con sus víctimas coincide dentro de un mismo tipo de discursos.

Manipulan con gran facilidad logrando que los demás hagan lo que desean y luego, sin más, se ríen de ellos, son capaces de llevar a alguien hasta el sitio que quieren.

Así que, en los momentos menos esperados y sin testigos de por medio, es muy probable que tu PNI te diga con frecuencia palabras como las siguientes:

«Eres demasiado sensible...»

«Eres muy insegura, eso no está nada bien...»

«¿Por qué eres tan celosa... de quién lo habrás heredado...?

«¿Cuándo dejarás de quejarte...?»

«Eres demasiado exagerada...»

«¿Qué te ha hecho la vida para que seas así?»

«Lo que pasa es que tienes problemas de autoestima...»

«No lo entiendes..., no entiendes nada...»

«¿Qué te habrán hecho antes de conocerme?»

«Estás loca...»

«¿No puedes hacer nada bien...?»

«¿De nuevo con la misma cantaleta...?»

«Estoy cansado de todo esto...»

Quizá habrá resonado en tu interior alguna de las frases anteriores o sus variaciones pero con el mismo contenido de fondo. El PNI busca crear confusión en tu mente hasta lograr que cuestiones tu propio juicio y, con ello, te habrás ido haciendo dependiente de su aprobación en todo. Crees conocerlo, pero percibes que la seguridad en la relación cada vez se tambalea más.

Un PNI es incapaz de amar por lo que buscará siempre que aceptes y acates sin cuestionar la totalidad de sus cambiantes e impredecibles reglas.

En la relación de pareja que se vive con un psicópata narci-sista integrado la fase de depredación es la más difícil.

En tu mente se desenvuelven fenómenos extraños, se han implantado de tal manera que ahora forman parte de la maquinaria de tu estructura psíquica. Y ya que, a través del tiempo, el PNI te ha ido aislando de tus seres cercanos y amigos, acabas quedando sola con él. En la etapa del refuerzo intermitente te sentiste confundida, pero con la depredación se escala a otro nivel.

Existen 4 fenómenos psíquicos que las víctimas enfrentarán:

Amnesia perversa

La amnesia perversa, como ya se mencionó anteriormente, es un mecanismo de defensa del cerebro y gracias a eso tenderemos a recordar solamente las cosas buenas de la relación, eludiendo así el sufrimiento, el castigo y el dolor del abuso emocional.

¿Cómo se manifiesta?

El cerebro busca liberarnos de la angustia que implicaría volver a vivir en esos *flashbacks* y tiende a recordar únicamente el bombardeo de amor, las grandes declaraciones del narcisista, toda esa palabrería que nos producía euforia y shots de adrenalina, es decir, todo aquello que forma parte de un vínculo traumático.

La amnesia perversa es un fenómeno absolutamente normal cuando se es víctima de una relación de abuso emocional, por ello es necesario el proceso terapéutico y la indagación en el tema para entender también el proceso cognitivo.

El riesgo de la amnesia perversa es que refuerza el apego hacia el perpetrador y produce un fenómeno extraño por el cual la víctima recae en la relación con el psicópata una y otra vez.

Seducción

Según la definición del diccionario, la acción y efecto de seducir supone la capacidad de inducir a una persona a que realice una determinada acción o participe en un determinado comportamiento. La seducción, por lo tanto, está asociada a la persuasión, es provocar la atracción de forma consciente. El significado habitual del término en ámbitos de la psicología está relacionado con lo sexual: seducir a una persona es conquistarla para entablar una relación íntima.

Idealización

Se refiere básicamente a la propia fantasía, es decir, consideramos consciente o inconscientemente a la persona como un modelo perfecto, incluso exagerando las características que consideramos positivas desde nuestro propio punto de vista o necesidad emocional. La idealización es uno de los graves peligros en cualquier relación afectiva, sin embargo, en la relación de abuso psicopático representa una de las cadenas que atan a la víctima con su perpetrador.

Vínculo de traición

Mantener relaciones conflictivas o estar sometida a situaciones de maltrato psicológico como las que infringe un PNI genera el vínculo. El trauma relacional o crónico implica vivir situaciones de abuso emocional que perduran a lo largo del tiempo.

Los especialistas Donal Dutton y Susan Painter en 1981 desarrollaron la teoría del vínculo traumático estableciendo que este se desarrolla bajo la presencia de dos elementos característicos en las relaciones abusivas: el desequilibrio de poder y la intermitencia del abuso.

Lo anterior es dominado a la perfección por el PNI con lo que genera el poderoso vínculo con sus víctimas.

Por un lado, la asimetría de poder en la relación psicopática es frecuente. El PNI es todopoderoso y se ubica en la posición de ser amado y admirado por los demás, sobre todo por sus parejas. La desigualdad avanza en la medida en la que el PNI se engrandece y la víctima disminuye en autoestima y seguridad, lo que incrementa en ella la dependencia emocional.

Por el otro lado, la intermitencia, la alternancia entre el maltrato y el *love bombing* que el PNI realiza de manera calculada y periódica a través de promesas, muestras de afecto, amenazas y abusos verbales, representan para la víctima un coctel emocional difícil de digerir y comprender. Las víctimas son sometidas por el PNI a ciclos alternados de aversión y dolor con sensación de alivio y afecto. La combinación y alternancia entre emociones positivas y negativas refuerzan la relación haciendo cada vez más difícil la decisión de la víctima en torno a la separación.

Reconocer la propia amnesia perversa y los eventos que has vivido a través de ella, es uno de los más dolorosos ejercicios psíquicos que podrás hacer, pero será indispensable para salir del ciclo de abuso psicopático.

El diálogo interior se apoderará de tu cabeza. Ideas contradictorias, creencias latentes que se detonan, miedos inexplicables y, en el exterior ¡la voz cantante de tu PNI! La presión es insoportable, hay tres flancos de batalla: por un lado, intentas aclarar tus pensamientos, por otro, acallar tus sentimientos, y por el tercero, lidiar con los ataques constantes del depredador que ronda a tu lado 24/7.

Las frases lapidarias como son las creencias que anidan en nuestro inconsciente, comienzan a subirse a nuestros hombros, una encima de otra, e intentarán convencerte cada día más de que todos los hombres son iguales, de que el amor verdadero no tiene cabida, que las personas dignas de confianza y capaces de dar amor y recibirlo son seres que habitan en otras dimensiones, es decir, intentarás convencerte de que así es la vida y tienes que adaptarte a lo que hay. Esa es la trampa de tu circunstancia y, por supuesto, tu PNI hará lo posible por normalizar la situación.

Nada más alejado de la realidad, lo que vives no es aceptable ni sano, existen en el mundo personas con quienes podrás entablar una relación donde el respeto sea uno de los ingredientes principales, verás que, conociendo poco a poco nuevos entornos y valiosas personas irás formando otra circunstancia para tu nueva vida.

Aunque ahora pareciera que todas las luces se encuentran apagadas, piensa que este ha sido un tramo del trayecto de tu vida que has transitado en espiral. Para salir de él son necesarios pasos y decisiones un tanto rudos, pero nada comparado a lo que sería si permanecieras atada a esa misma circunstancia.

El modo de proceder del PNI es ruin, en pocas palabras podríamos resumirlo así: logró que te enamoraras de lo que él te hacía sentir, una reina, una persona indispensable en su vida, alguien útil y motivada, pero luego ha venido el maltrato psicológico y ahora la depredación. Fuiste primero un ángel para él y luego una desgracia. Eso no es verdad, pero él te lo ha hecho creer.

Lo peor es que lo crees y ahí radica el peligro: creer lo contrario a lo que la realidad ficticia del PNI te muestra. Los momentos de dicha eran un montaje, así que, en lugar de añorarlos, no pienses en eso, estabas siendo utilizada. La realidad es que el PNI estuvo manipulándote. ¿Recuerdas cómo era, en apariencia, demasiado amable?

Si desde el inicio de la relación, el psicópata narcisista hubiera mostrado su verdadero yo, ¿habrías permanecido ahí?, puedo imaginar tu rotundo NO. Por eso fingen, por eso tienen en su haber un montón de máscaras, de lo contrario no podrían depredar, estarían más solos que una ostra.

Al comienzo tienen objetivos para cazar a su víctima. Ocultan sus verdaderas intenciones porque tienen claro qué es lo que podrán absorber en ella, en ti.

Nadie normal se enamora perdidamente de alguien que no tenga cualidades que valora, y eso exactamente es lo que fingen los PNI para atrapar a sus víctimas. De un día para otro te hacen creer que tú eres la persona que había estado buscando desde quién sabe cuántas vidas atrás y en medio de la faramalla, te muestra todo lo que tú anhelas.

Las víctimas caemos, lo diré de nuevo, por heridas primarias de las que no nos hemos ocupado, pero en primer lugar por no tener conocimiento de esta condición que existe en el mundo, que habita en el interior de una buena parte de la población y que puede estar más cerca de lo que imaginamos. Los PNI son reales y han sido objeto de estudio de los más grandes psicólogos clínicos de la época moderna. Estoy segura de que contar con la información en cuanto a características y formas de depredar, puede hacer la diferencia en el número de víctimas. Saber es el punto de inflexión, es el camino seguro del cambio.

Cuando el PNI se sabe descubierto, el bombardeo se acaba de inmediato. Cuando nota que no le crees, se acabó el teatro. A un PNI no le interesa una víctima que no podrá serlo más, es decir, alguien que no caerá una y otra vez en sus emboscadas psicológicas, ya que conoce el perfil básico de su personalidad. Un depredador depreda únicamente a quienes sabe vulnerables.

Ante la carencia de información y la capacidad de mimetismo del PNI cualquier persona puede convertirse en víctima.

En la etapa de la depredación el refuerzo intermitente es enloquecedor y adictivo. La parte cruel de la relación se vuelve cada vez más intensa y el lazo afectivo a través de muestras intermitentes logran que las cosas sigan adelante.

La confusión interna no permite que las víctimas vean que todo ha sido una gran estafa, te ha prometido el mundo, nunca lo cumplirá. Nunca más volverá a ser la misma persona que conociste al principio. Cuando las víctimas ya están dentro de la telaraña psicopática, como coloquialmente podríamos decir «cuando ya cayeron», el PNI ya no tendrá ningún interés en quedar bien, es el momento estelar para él, en donde solo habrá de utilizarlas.

Lo más confuso de todo es que las personas que los PNI aparentar ser no existen, se inventan una personalidad tras otra, para fingir ser afines con sus víctimas.

Un PNI modela en apariencia un gran futuro a tu lado, pero es una estafa. Cuando las cosas no pueden ir peor, durante la depredación, por un mecanismo de defensa psicológico, las víctimas se aferran al periodo dorado. Pareciera que los bellos momentos iniciales, es lo único que la víctima recuerda y

eso alimenta su adicción. La depredación agranda exponencial-
mente el vínculo traumático.

A pesar de que el PNI te miente, te desquicia, te es infiel y
te trata de loca, tú continúas siendo la culpable de todo. Aunque
sea difícil de creer, las cosas podrían permanecer así de manera
indeterminada.

¿Punto final al ciclo?

Lo único que logra detener el ciclo psicopático es la toma de
conciencia de la víctima, es decir, el reconocimiento tácito de que
su pareja es un PNI y que, además, ella no puede hacer nada
para revertir esa condición en él.

Una persona que te quiere no te maltrata. En la relación de
abuso psicopático la salud física y emocional de las víctimas se va
deteriorando. Un PNI erosiona tu identidad hasta que llegue el
momento en que sientas que te han quitado todo. Hasta tu sonrisa habrá desaparecido.

Durante la depredación la víctima puede permanecer con la
esperanza en algo que no sucederá, ansía de regreso al PNI inicial, pero lo cierto es que esa persona se puso una máscara para
cazarla, lo que sigue es que el depredador emocional se dedique
a dañarla hasta llegar a destruirla.

El bombardeo amoroso no volverá nunca más como quieres,
sin embargo, hay muchas víctimas que viven eternamente en esa
esperanza, el PNI hace lo necesario para mantener encendida la
llama, es un juego perverso para con sus víctimas.

En esta etapa resulta notable como a otros, el PNI los trata
de maravilla, y a la víctima la maltrata, y la víctima piensa que se
lo merece ya que cree que si en la relación hay algo malo es por

ella, se ha creído que el problema es ella. El PNI ha logrado la reversión en el pensamiento y autoimagen de la víctima. Las víctimas ya no se consideran buenas personas y eso hará las cosas más fáciles para los depredadores.

PNI al descubierto

Ya que lo único que ahora busca el PNI es depredar, si tú le resultabas útil para obtener dinero o sexo o posición social o si eras una escalera para ascender a cierto lugar, las circunstancias quedarán al descubierto. El PNI ya no se preocupará por casi nada, excepto por absorber el combustible narcisista de la víctima. No ocultará —como lo había hecho hasta ahora— su doble, triple o quíntuple vida, ya no hará ningún esfuerzo por adaptarse a la personalidad de sus víctimas. Quizá fingirá, en presencia de otros, que es una buena persona, pero al cerrar la puerta, seguirá estafando a la víctima.

En eso consiste el ciclo del abuso, finge empatía, finge sentimientos que no son reales, y logra que el resto del mundo lo vea como la persona que no es. Para el PNI los demás son objetos útiles o inútiles para satisfacer determinada necesidad.

Durante la depredación, al PNI lo único que le importa es hacer daño y mantener el poder en la relación. En esta etapa es muy fácil identificarlo a través de su discurso. En una persona normal las palabras concuerdan con sus acciones, cada cual es como es, de manera continuada en el tiempo. En un PNI la actuación y el discurso van de manera constante por caminos totalmente distintos.

Al PNI se le irá el tiempo «idealizando o devaluándote», pareciera que su forma de ser pende de un columpio, siempre están en una de esas dos fases, eres una maravilla y luego una tragedia, y en las víctimas, la disonancia cognitiva sigue haciendo mella.

En boca del PNI escucharás muchas veces frases enloquecedoras como: «Te amo. No te amo». Y entre una y otra habrán pasado simplemente unas cuantas horas.

Percibirás en el PNI acciones que demuestren: «Te apruebo. No te apruebo». Y entre una y otra habrá cambiado la expresión de su rostro de manera fugaz e incomprensible.

Este es el refuerzo intermitente en su máxima expresión, y el abuso sucede mientras se va fortaleciendo el vínculo traumático.

El pin-pon en la relación es un hecho tan real como absurdo, el PNI te daña para consolarte, te dice un cumplido para luego lanzarte una frase hiriente, te obsequia un regalo y luego finge arrepentirse, te envía un mensaje extraño y luego comenta que ha sido un error. Endulzan un momento con palabras y al siguiente te amargan el día con una acción.

En la etapa de la depredación, las actuaciones más frecuentes del PNI resuenan con la siguiente lista:

- Sentido de derecho exacerbado, piensa que merece todos los privilegios
- Extorsión emocional constante
- Atemorizar ante todo
- Miente, roba, engaña o hace trampas
- «Lo que es tuyo es mío, lo que es mío es mío»
- Pide que regales tu trabajo para que él quede bien ante otros

- Exige dinero, sexo, compañía y apoyo incondicional
- Quiere atención inmediata, «aquí y ahora»
- Exige que sus llamadas y mensajes sean contestados en el momento
- Entre más recibe, más exige
- Sus discursos están llenos de metáforas y frases acartonadas
- Sus arrebatos de rabia surgen con facilidad y frecuencia
- Habla mal de otros contigo y habla mal de ti con otros
- Durante horas o días, se aburre, desaparece y luego vuelve
- Hacia el exterior comienza a hacer lo necesario para pasar como víctima
- De puertas adentro se convierte en el peor de los depredadores emocionales
- Es un fingidor, incluso cuando por alguna razón la pasa mal

Sus afirmaciones casi siempre mostrarán el otro lado de la moneda, es decir, la realidad de lo que es o está haciendo; si crítica la mentira en otros, si te acusa de algo en particular, si enaltece en voz alta los valores humanos, ¿qué crees que en realidad está sucediendo?

La caída del velo

Un PNI busca disminuir la autoestima a sus víctimas manejando la culpa para manipularlas.

En la superficie parece todo normal, pero en el fondo se gesta la confusión, endulza tus límites personales y con ello apaga tu propio sistema de alarma, cuando siente que estás alertándote, vuelve a endulzar.

Es por eso que en esta etapa la salud emocional de las víctimas ya se encuentra dañada, únicamente desean regresar a los tiempos dorados, sienten a flor de piel esa nostalgia, ya que también, a flor de piel, vivieron al cien esa época idílica. Vives turbulencia y en los tiempos difíciles, el psiquismo añora los buenos recuerdos.

La víctima se ahoga en un mar bravo, pero se mantiene viva gracias a esos fogonazos de oxígeno que recibe cada vez que puede salir a la superficie.

En los chispazos de bombardeo amoroso, las víctimas en el fondo desearían percibir como bondad cada actuación del PNI, pero en algún momento reconocerán la falsedad. Llegará el tiempo —y por lo general es en esta etapa— cuando las víctimas serán capaces de leer los mensajes ocultos detrás de los «mensajes», verán la mirada maliciosa, observarán la intención de daño por parte del PNI. Esta es la caída del velo, y no hay un tiempo determinado para que suceda. Habrán pasado meses o años, muchos años, pero llegará el instante en que la víctima sepa con certeza que se encuentra dentro de una pecera siendo depredada ante los ojos del mundo, pero sin que nadie afuera pueda notarlo.

Como en cualquier otra etapa del ciclo psicopático, aquí también existe un patrón de comportamiento. Pareciera que los PNI fueron creados con un molde. Las respuestas de los científicos coinciden en que la condición está arraigada en la zona más primitiva del pensamiento, por lo tanto, sus acciones y reacciones deambulan, como ya lo hemos mencionado, en un rango reducido de emociones. Prácticamente la ira y el aburrimiento.

Un porcentaje alto de víctimas logra salir del ciclo durante esta etapa, ya que, el conocer el modo de actuación, el trayecto del ciclo y las características de la personalidad psicopática, las impulsa a salvaguardar la propia existencia. Es una decisión difícil pero trascendente. Si has decidido salir de aquí de una vez por todas, mantén a la mano información que te reporte un sostén para los momentos de duda que llegarán gracias a la resistencia del PNI de ser abandonado: escribe un recuento de lo que has vivido al interior de la relación psicopática.

El psicópata narcisista integrado hará lo posible por conservarte como fuente de combustible, pero nunca dejará de lado su intensa agenda oculta. Para alguien cuya existencia está desbordada por el aburrimiento, resulta imposible hacerlo.

No mires atrás si no es para mantenerte lejos del PNI. Es el momento de valorarte para salir de este ciclo, aunque con dolor, pero en pie. Por decisión individual y porque sabes y decides lo que es mejor para ti.

FASE VI

Descarte

12

Campo minado

Las víctimas no entienden cómo se dejaron llevar por lo que parecía algo forzado y que sucedió, además, tan rápido. Habías compartido poco tiempo, ahora sabes que fue algo irreal y fantasioso. En la vida, es cierto, hay personas que se acercan a tu ideal pero es necesario conocerlas poco a poco. Al narcisista de tu vida pensaste que lo conocías mientras él aceleraba el cronómetro de aquellos primeros días. Sepas o no de la condición psicopática de tu pareja estás consciente de que la situación es insostenible, así que:

Decides terminar con todo. Te has dado cuenta de que se trataba de falsas expectativas. Le informas al PNI de tu decisión, pero al cabo de un par de días, regresa como al principio, busca retenerte y todo vuelve a ser igual o peor...

Decides terminar con todo. Te has dado cuenta de que se trataba de falsas expectativas. Le informas al PNI de tu decisión, pero al cabo de un par de días, regresa como al principio, busca retenerte y todo vuelve a ser igual o peor...

*Decides terminar con todo. Te has dado cuenta de que
se trataba de falsas expectativas. Le informas al PNI
de tu decisión, pero al cabo de un par de días, regresa
como al principio, busca retenerte y todo vuelve a ser
igual o peor...*

Estás leyendo y piensas que ha sido un error del editor, no, es la muestra de la repetición del ciclo. Justificado, en negritas, tachado, al centro, a la izquierda o a la derecha, pareciera que la rueda que el psicópata narcisista integrado ha puesto en marcha, no para de girar.

Si en este punto del proceso ya tienes conocimiento de la condición que caracteriza a tu PNI, recordarás lo que anteriormente hemos mencionado: una víctima vuelve al lado de su PNI un promedio de siete veces. Siete. Y si en este punto del proceso todavía no sabes si tu pareja es un PNI, pero todo apunta para allá, este capítulo te ofrecerá ejemplos muy concretos de lo que un psicópata narcisista integrado lleva a cabo en la etapa del descarte.

Pero, ¿qué es el descarte? Así como en un juego de cartas, el PNI se deshará de la que tú representas, si es que no lo haces por tu cuenta primero. El descarte es desechar algo que no sirve. Cuando un PNI ha exprimido hasta la última gota de vida en sus víctimas ¿para qué querría conservarlas? Durante la etapa del descarte el PNI se asegura de que en ti no quede nada, hará lo necesario para extirpar todas tus herramientas personales. Sin la menor muestra de atención, verás que de un momento a otro estás fuera de su galaxia.

Por el contrario, si fuiste tú quien de tu vida lo ha puesto de patitas en la calle, su reacción será muy diferente. A pesar de que lo has descartado, él volverá cuantas veces sea necesario, con el fin de vengar hasta la última gota de su humillación.

Al PNI le gusta tener la última palabra.

En ambos casos tienes que estar preparada.

Si fuiste descartada has tenido suerte, créelo, aunque en ese momento no lo pienses así, ya ahondaremos de esto en el siguiente capítulo. Pero si fue él el descartado, lee con atención las posibles actuaciones de un PNI para con sus exparejas. Volverá.

Volverá porque su psiquismo no le permite aceptar que alguien como tú ose a desafiarlo para retomar su vida lejos de él. Volverá para intentar quebrar tu voluntad. ¿Cómo sería posible?, te estarás preguntando. Con el corazón lleno de rabia y los bolsillos rebosantes de una violencia psicológica disfrazada de cantos de sirena. Volverá cuantas veces le sea necesario para hacer que caigas de nuevo. Y cuando caigas no descansará hasta dejarte convertida en polvo. El PNI volverá convertido en una aspiradora.

Hoovering

El *hoovering* es un tipo de violencia psicológica, una técnica de manipulación que utiliza el PNI para crear sentimientos de culpa en sus víctimas. Su nombre viene del hecho de aspirar la acción en beneficio propio. ¿Recuerdas las famosas Hoover? El PNI pasará la aspiradora intentando eliminar todo aquello que le estorbe. La usarán cuando sientan que las presas se están alejando de ellos o han decidido irse de forma definitiva. Si el PNI no fuera PNI intentaría solucionar las cosas y, si fuera el caso, pediría perdón por sus faltas. Pues bien, eso es lo que él simulará valiéndose del *hoovering*. Sus estrategias de manipulación actuarán en busca de que las víctimas replanteen sus decisiones. La gran diferencia entre un no PNI y un PNI es que el primero muy posiblemente estaría arrepentido, resarcería la falta y no repetiría los mismos errores, ¿cierto? Por su parte un PNI actuará como en una escena de teatro, pero al finalizar la obra, es decir, al recuperar el control, seguirá manipulando con el mismo patrón de comportamiento, pero corregido y aumentado. El PNI vuelve para ajustar cuentas con quien lo ha hecho a un lado.

El *hoovering* consiste en mensajes o llamadas para iniciar el acercamiento. Utilizará hábilmente las palabras a manera de anzuelo. Las técnicas de contacto son diversas, el PNI echará mano de su creatividad para hacer acto de presencia.

A continuación te presento las formas más comunes del *hoovering* a manos de los PNI:

Amnesia selectiva: la utilizan para fingir que la ruptura nunca ocurrió. Un truco barato, pero muy utilizado, además, es muy eficaz durante las primeras veces de ruptura, ya que puede sumergir a las víctimas en un estado de confusión total.

Tiro al blanco: imagina que has terminado la relación y para ti está claro. No se han visto en un tiempo y hasta puede que hayas conocido a otras personas. De pronto, llega un regalo con una tarjeta adjunta diciendo «Feliz día de los enamorados». Este estímulo inesperado te pilla desarmada y, a pesar de todo, genera en ti un dulce pensamiento. Con suerte para el PNI retrocedes automáticamente hacia el recuerdo de los buenos tiempos. Antes de que te des cuenta, estarás llamando a la persona narcisista para agradecerle el detalle.

Al grano: te dice cuánto te ama y te adora, uf. A las personas sensibles les encanta escuchar la expresión «te amo», una frase que invoca sentimientos de felicidad y estima. En circunstancias sanas, no hay frase más bella: una persona amada se siente aceptada y comprendida. Resulta adorable la sensación de tener cerca a una persona que realmente quiere estar a nuestro lado. En circunstancias psicopáticas, los PNI que entienden que la necesidad de ser amados es fundamental para los seres humanos, usan estas palabras como arma. Un PNI aducirá al concepto de alma gemela, a la relatividad del tiempo y el espacio y toda esa gama de mamarrachadas fuera de lugar. Al grano es la técnica del bombardeo amoroso y *hoovering* juntas.

Reminiscencias: se atreve a jugar con invocaciones sentimentales, ya que sabe que para ti hubo «buenos momentos». El PNI alude a los recuerdos y trata de beneficiarse de ellos. ¿Ejemplos? Simplemente te llama para decirte que vio una película y no pudo evitar pensar en ustedes. / Te escribe un mensaje para contarte del hallazgo de cierta fotografía que además adjunta. / Te manda un mensaje lleno de nostalgia y hasta cursi para sus parámetros, recordándote que en ese día viajaron juntos a tal o cual lugar.

Casualidades: por «azares del destino» te encuentra, aunque en el fondo sabes que el PNI conoce tus rutinas, sabe bien qué día haces la compra o cuál es tu horario favorito para hacer caminata.

Otro tipo de casualidades que el PNI utiliza puede variar entre los siguientes:

Texto equivocado: así que puedes esperar el típico mensaje de «lo siento, quería enviar ese texto a otra persona».

Llamada perdida equivocada: finge que le has llamado, así que te escribe el siguiente mensaje «Hola, ¿intentaste contactarme?».

SOS: El PNI te dice que hay una crisis. A pesar de saber quién es, ver a otro ser humano pasar por una crisis te rompe el corazón. Así que los narcisistas usarán varias crisis para succionar a sus víctimas. Podría incluso decir que ha sufrido un accidente o que está gravemente enfermo con el beneficio de remover tu corazón, en este tipo de *hoovering* es muy posible que la emergencia haya sido exagerada o distorsionada o se trate de una verdad a medias, y hasta podría ser una vil mentira.

Monos voladores: es una estrategia común entre los PNI más astutos. Buscan hacer tambalear a sus víctimas, pero al mismo tiempo no quieren que su ego resulte herido por un rechazo rotundo, dicho cara a cara. Así que envían, para defender su causa, a un amigo común o a un miembro de su familia y que pueda ser bien recibido por la víctima. Intentan por este medio que alguien más ablande el camino para volver al ataque.

1000 disculpas: el PNI pide perdón y se disculpa una y otra vez. Es fácil caer en esta trampa las primeras veces que lo promete, pero como el comportamiento no cambia, muy pronto sabrás que todo fue un montaje. Solo porque se disculpe en ese momento no significa que haya hecho cambios milagrosos en su vida. El cambio radical en un PNI es una quimera.

Seducción cibernética: el PNI hace notar que pasa horas mirando tus publicaciones en redes sociales, a veces, hasta deja comentarios breves o extensos, pero afectuosos, resulta evidente que solo está a la espera de captar tu atención para que seas tú quien le envíe alguna respuesta o mensaje privado.

Regalos: los detalles vuelven a hacer su aparición, en realidad es una especie de halago que los PNI se hacen a sí mismos y no por su generosidad, calidad humana o amabilidad hacia otros. Para fines conocidos desea hacerte pensar que le importas, que por fin ha reconocido tu valor.

Palabras al gusto: el PNI te dirá lo que quieres escuchar. De pronto parecerá que ha recordado todas las promesas que en el pasado hizo trizas. Aludirá a tus sueños más profundos en torno a la relación y a su persona. Quizá comente como quien no da mucha importancia a la cosa, que ha ido a terapia para combatir el mal de la infidelidad, que por fin ha vencido su adicción al juego, al sexo o cualquier otra barbaridad. Si comprometerte y formar una familia es importante para ti, hará una parada especial en la joyería más cercana. Si te quejabas de su impuntualidad, llegará quince minutos antes de lo previsto. Si era poco atento y la caballerosidad se le había esfumado en los primeros años, ahora como por arte de magia o producto de una hojeada rápida de algún manual de modales masculinos, te abrirá puertas y ventanas hasta con ademán de reverencia... ¿Está de más decirte que se trata de una falsificación barata del futuro?

Oleadas: parece que a tu casa ha llegado un diluvio de atención y adoración. El aroma a bombardeo amoroso lo impregna todo. Las promesas estarán a la orden del día hasta que hayas tocado el anzuelo.

De pronto el PNI se saca de la manga un ramillete enorme de frases domingueras, de esas que usaba contigo en sus mejores tiempos. Cada frase conlleva un mensaje encubierto, algo que, aunque no se haya dicho, pueda sonar con una falsa emocionalidad. He aquí algunos ejemplos. Agrega a la lista todos los que tu PNI haya utilizado para contactarte e identifica en la columna derecha, cuál podría ser el contexto no expresado.

Frase utilizada por el PNI	Valiéndose de:
Es tu cumpleaños, cómo me gustaría estar a tu lado y darte un abrazo.	Las fechas especiales
Estaba pensando en ti porque sé que te sientes triste en esta fecha.	Una falsa cercanía emocional
Hola, espero tengas una bonita semana.	El gaslighting
¿Cómo está Cuco (mascota)? Lo extraño y me duele no estar con él...	Terceros
Me dijiste que no quieres verme más, pero será la fiesta de... ¿me acompañas?	Próximos eventos
Tenemos que hablar, lo sé todo...	Acusaciones falsas o imprecisas
¿Me llamaste desde un nuevo número telefónico?	Lo absurdo
Debes saber que me encuentro muy enfermo, quizá no llegue a mi siguiente cumpleaños.	Las exageraciones
¿Me das otra oportunidad? Hazlo por nuestros hijos.	Tu supuesta culpabilidad
Eres única y especial, nunca encontraré a nadie igual.	La supuesta almagemelización
¿Te acompaño a tu clase de repostería? También irá x y x.	Las actividades que tanto repele
Paso por ti a las 10:30 ¿usarás de nuevo el vestido azul?	Errores «involuntarios» de destinatarios

Estoy batallando con el programa nuevo de la oficina, ¿me puedes enseñar cómo usarlo?	Supuestas falta de habilidades o conocimientos

Una relación de abuso psicopático está a años luz de lo que llamarías un amor sano.

No te dejes atrapar únicamente por las palabras y las promesas de la otra persona. El amor de una persona no solo se muestra a través de la consistencia de un buen discurso, sino en la coherencia de sus acciones y su actitud hacia ti. A lo largo de la relación has visto la discordancia entre sus palabras y acciones, hacia ti y hacia otros.

Está más que claro que en el PNI la coherencia no es su fuerte.

Pérdida de objetividad

En este tipo de interacción las víctimas quedan sin la capacidad de discernir entre lo que está bien y lo que no, el PNI les absorbe prácticamente toda la energía manteniéndolas aisladas, encerradas en ellas mismas y en la historia de terror que están viviendo. Ya que, poco a poco, han perdido contacto con amigos y familiares y todo lo que ven y escuchan proviene del PNI, también pierden la objetividad de la situación, terminan por ver la vida a través de los ojos del psicópata narcisista integrado.

El amor psicopático es sinónimo de sufrimiento. Incluso después de «terminada» la relación, el PNI seguirá merodeando con mensajes y llamadas como las mencionadas en el recuadro anterior, intentando arrastrar tu voluntad como una aspiradora potente succionaría objetos en su camino para hacerlos desaparecer.

Nunca se sabe qué esperar de un psicópata narcisista integrado, muchas víctimas refieren que al contestar sus mensajes o llamadas lo que han recibido es desprecio y humillación. Un simple, «*el mensaje no era para ti*», o darse cuenta de que el PNI ha leído el texto pero no hay respuesta ahora por su parte, sumerge a la víctima en un estado de retroceso en la recuperación, ya que su psiquismo lo tomará como un mensaje literal de «*no importas en lo absoluto, captar tu atención era lo único que deseaba, no mereces más explicación*». Y el PNI hace su graciosa retirada hasta que de nuevo tenga una ocurrencia para ponerla en práctica con alguna de sus víctimas.

¿Qué hacer?

Una relación de abuso psicopático no te brinda nada y se lleva toda la paz que tu vida merece. Lo que toca es no caer en la trampa, un paso atrás y la rueda del ciclo comenzará de nuevo.

Sin darte cuenta estarás otra vez en una maraña de caos, el PNI estará en libertad de desatar un torbellino que te destruirá.

Responder a sus provocaciones no surtirá ningún efecto. Piensa en el poco sentido que tiene tratar de defenderte, con un PNI no hay campo limpio de batalla. Saber que recibirás golpes bajos resulta útil para no entrar a la cueva de ese lobo humano.

Mantente segura pero lejos.

El PNI sabe que tiene los días contados, por lo que sus ataques no menguarán, al contrario, cuando vea que no respondes a sus llamadas ni mensajes o cualquier intento de hacer contacto, se ensañará contigo de maneras que nunca hubieras imaginado a través de:

- **Difamación:** hablará de ti hasta por los codos, muchos le creerán, pero eso no es problema tuyo. Las cosas caen por su propio peso, y si caen será que fueron absorbidos por algún hoyo negro. No pierdas el tiempo en deshacer entuertos.

- **Hace campaña:** el PNI quiere saber con quienes cuenta, le gusta saberse con aliados y está esperando que te pongas en guardia para comenzar la cruzada. Que se quede esperando en una esquina, no te subas a un ring absurdo.

- **Te acusa de infiel:** sabe que tienes pruebas en la mano de todo lo que él es, así que deseará redirigir la atención con llamaradas de petate. Hay quienes te conocen y no se tragarán el anzuelo de alguien como el PNI. Te darás cuenta de que, en el fondo, mucha gente allegada a ti, nunca tuvo una buena impresión del narcisista.

- **Lo tratabas mal:** las historias de ficción no se hacen esperar. Intentará pasar por víctima. Un mal chiste en persona, como si desde el fondo del sombrero de un mago quisiera impresionar a otros con historias inverosímiles.

- **No valías:** cuando el PNI vea la batalla perdida intentará el efecto invertido, buscará justificaciones creíbles, pero subjetivas, para maquillar que ha sido él quien ha perdido.

- **Le aburrías:** por último, cuando caiga en cuenta de que nada le ha funcionado buscará el disfraz de dignidad y dará sus últimas patadas de ahogado.

El PNI inventará toda clase de historias para hacerte quedar mal, déjalo que se entretenga, por tu parte, enfócate a lo que vale la pena: tú y el proceso de recuperación.

Estamos llegando al punto de mantener firme una decisión, ten en mente estas preguntas:

¿Hacia dónde voy si sigo dentro de esta relación?

¿Hacia dónde voy si sigo igual?

13

Contacto cero

Contacto cero quiere decir cortar toda línea de comunicación y contacto. Sin excepciones. Aquí no hay pero que valga. Imagina que estás podando una rama que representa un grave riesgo.

El PNI ha sido contigo una persona irrespetuosa, cruel y dañina. Te ha demostrado por todas las formas posibles la condición psicopática que porta, no es alguien que quieras tener dentro del perímetro de tu vida. Asume todo lo que te ha mentido a pesar de sus intentos magistrales de actuación. Asume que en realidad no le importas ni tú, ni nada, ni nadie.

Está claro que un PNI no siente compasión hacia los demás y menos contigo, no lo dudes, si lo permites, volverá a lastimarte.

Todo esto no ha sido culpa tuya, ten en mente este pensamiento.

Un PNI es una persona altamente dañada, puedes comprender su circunstancia, pero también puedes estar segura de que no has tenido nada qué ver con lo que a él le ha ocurrido en algún momento de su existencia. Las posibilidades de su condición pueden ser cualesquiera, sin embargo ya es parte ineludible de él. La psicopatía es una condición irreversible y el narcisismo patológico es prácticamente imposible de erradicar.

Ante alguien así ¿existe la posibilidad de un amor sano?

El contacto cero implica evitar totalmente y por completo al psicópata narcisista integrado y todo aquello que tenga algo que ver con él.

Una vez tomada la decisión, dedica unos días para organizar los pasos que darás, hazlo todo racionalmente. Cualquier movimiento o falta de equilibrio puede hacerte caer. Es momento de usar la empatía, la tenacidad y la resiliencia dirigiéndola a nadie más que a ti. Estar y permanecer de tu lado es lo que toca.

Antes del contacto cero:

- Busca una red de apoyo. Personas con quienes puedas expresar tu plan de acción y de quienes puedes esperar ayuda clara y objetiva. Y sobre todo, personas con quienes compartir tus miedos y lo que en ese punto piensas y sientes de ti.

- Planifica cómo vas a hacerlo: si es necesario mudarte, analiza dónde vas a alojarte y mantenerte a salvo mientras la situación se resuelve y normaliza para que puedas retomar el ritmo de tu vida. Si eres tú quien le pedirá que se retire de tu casa planea la situación con suma atención y, de ser posible, con testigos o el acompañamiento de alguien de confianza.

- Mantén a salvo documentación importante, pertenencias, pon en claro tu situación legal y laboral. No es necesario que brindes información al PNI, ya que eso podría ponerte en riesgo, pero sí es imperativo hacerlo, que tengas todo lo necesario organizado y en tu poder.

- Será positivo que tengas disponibles algunos ahorros, pero si no los tienes, pide ayuda, que eso no sea excusa para continuar dentro del entorno psicopático.

Cuando se ha establecido el contacto cero

Una vez que has desalojado al PNI de tu vida, asegúrate de tomar todas las precauciones que sean necesarias. En esta etapa nada está de más. Si es necesario solicita incluso una orden de restricción legal por violencia psicológica y abuso psicopático, revisa los lineamientos de acuerdo a las leyes en tu país.

En este momento aún hay mucho por hacer y, entre lo más importante, está el trabajar al interior de tus pensamientos y emociones:

- Evita ante todo dar vueltas en tu cabeza a las memorias de todo lo que el PNI te habrá prometido y que ha quedado inconcluso.
- Evita pensar en lo «bonito» o «bueno» que viviste a su lado.
- No pases por su casa, lugar de trabajo o sitios que frecuenta.
- No preguntes ni permitas que nadie te hable de él bajo ninguna circunstancia.
- Asume que ya no está. Por suerte para ti, no existe más en tu vida.

Que el PNI desaparezca es un gran regalo para ti; aunque tengas la posibilidad de saber de él, evítalo a cualquier costo.

El contacto cero es necesario para evitar que el depredador te haga dudar o manipule y termines volviendo a entrar en el

200 PERFIL DEL PSICÓPATA NARCISISTA INTEGRADO

ciclo de la relación psicopática. La recuperación verdadera consiste en suministrarte mega dosis de verdades crudas. Trabaja y ten siempre a la mano el diario de los horrores que mencionamos anteriormente, que el recuento de los daños quede por escrito, sigue agregando todos los eventos traumáticos, los malos ratos, las frases desdeñosas, todo, todo, todo. Cada página de ese diario será tu guardián, cuando te sientas desfallecer por su recuerdo, tus palabras escritas gritarán hasta hacerte consciente de que marcarle, buscarlo, visitarlo o responder a sus llamadas con cualquier excusa sería un gravísimo error.

Él no te extraña. No extraña de ti nada, excepto la posibilidad de hacerte daño.

Detrás de todos los intentos del PNI está encubierto el deseo de venganza, busca castigarte por haberte atrevido a hacerlo a un lado. Sentirse humillado ante los ojos de los demás es una de las peores ofensas para un narcisista patológico.

Llegará el momento en que te importe un comino lo que el PNI haga y no haga con su vida, vivirás el día en que te sientas de nuevo libre y hasta puedas recordarlo o nombrarlo sin que el dolor te invada por dentro. Y creelo, llegará el tiempo en que todo habrá pasado, igual que pasa una mala broma.

El contacto cero es el antídoto más eficaz y potente para sobrevivir a esta cruenta experiencia. Salir de esta relación, siempre, siempre, siempre valdrá la pena.

Es momento de transitar el camino de salida para volver a creer en ti misma, es tiempo de recuperar la sensación de valía para confiar en tus capacidades y en todo lo que mereces vivir. Es tiempo de reconstruir tu autoestima y de estar incondicionalmente de tu lado.

14

El foco en lo importante

Tomar y mantener la decisión de dejar una relación de abuso psicopático requiere que te encuentres en tus cinco sentidos. Hasta ahora lo que veías estaba envuelto en una bruma, lo que escuchabas era distorsionado por el ruido constante del PNI, lo que olías, tocabas y gustabas pasaba por el filtro de una versión alterada de la realidad.

Una relación de pareja con un PNI en la que invariablemente habita el maltrato psicológico produce mucho sufrimiento en las víctimas y sobre todo soledad.

En este capítulo hablaremos de las cosas esenciales y prácticas que son importantes por tu propia seguridad emocional.

A salvo el corazón: en este momento se trata de cuidar el tuyo no el de alguien más. No conviertas el afecto en una excusa para seguir allí. Haz que el amor a ti misma lo pueda todo. El efecto simbiótico de la relación psicopática sigue presente, por lo que es normal que a ratos tengas la sensación o deseo de no alejarte del PNI. La ruptura es lo mejor que te puede pasar. Permite a tu pensamiento más racional tomar las riendas de la situación, piensa que te encuentras frente a un veneno mortal, lo tomas o te alejas.

Zona de riesgo: no normalices la situación. Lo que vives ahora no es cualquier cosa. Ten en cuenta que las recaídas son posibles, así que mantente alerta. Recuerda cuáles eran tus expectativas de un amor feliz y observa en qué punto te encuentras. Sin duda, vas a ser más feliz disfrutando de tu soledad, que en una relación que te hace sentir de la manera como ya lo has experimentado.

Trago amargo: momentáneamente asume la realidad de infelicidad. Ya has hecho lo más importante que es alejarte de una relación que únicamente te está dañando, ahora sé firme. Vivirás días rudos, similares a un proceso de desintoxicación, pero la meta es clara: cuidar de ti, pensar en ti y en tu bienestar. Cuídate mucho, llora hasta que en la última gota se escurra todo el dolor acumulado, abrázate fuerte, come y duerme bien. La fortaleza física impacta positivamente en el estado anímico.

Deja el aislamiento: mantente cerca de tus seres queridos y amigos confiables. Permanece en contacto con tu red de apoyo. Déjales saber cómo te sientes e infórmales por lo que estás pasando. Interésate poco a poco en lo que sucede en el exterior, pregúntales cómo están ellos y ofrece tu escucha y compañía en la medida que te sientas bien para hacerlo. Te encuentras en un momento de supervivencia emocional, sin duda los lazos valiosos te acompañarán en este momento.

Sigue escribiendo: hazlo diariamente a manera de desahogo, lleva una bitácora de tus estados de ánimo, de lo que haces, piensas y sientes. Nadie tiene por qué leer tus textos, son para ti, así que escribe con libertad. Luego verás si quemas o conservas los escritos, pero no dejes de escribir. La escritura expresiva y terapéutica es una de las mejores herramientas para movilizar las emociones y para comprender un poco de todo lo que estás viviendo e incluso, para incrementar el autoconocimiento.

Espejea tu situación: imagina lo que le dirías a alguien que pasa por lo mismo que tú. Mírate en tercera persona. Qué consejos le darías, qué palabras le ofrecerías, cómo sería el apoyo que tú brindarías a personas que se encuentran en el proceso de duelo por una relación psicopática. Esta dinámica es útil para reflexionar sobre tu vida y hacerlo con mayor distancia. Quizá también vivas momentos inigualables como cuando la sonrisa vuelve poco a poco a tu vida, con este ejercicio sonreirás.

Escucha tu intuición: no te aísles pero de ninguna manera te aturdas. Pasa momentos contigo, escucha música tranquila, medita, camina al aire libre, toma un poco de sol, acompáñate de un buen libro. Tu ser interior sabe que tu decisión es la correcta. Apuesta por ti. Es momento de quererte más y mejor.

Ayuda profesional: si lo consideras conveniente, pide ayuda profesional. El apoyo psicológico es sin duda terapéutico y eficaz en un momento como este. Verás que en cada sesión avanzas a pasos agigantados, pero asegúrate de que el profesional al que acudes tenga experiencia específicamente en relaciones psicopáticas. También puedes recurrir a otros tipos de apoyo emocional, por ejemplo, grupos de diálogo o primeros auxilios emocionales.

Salir del ciclo psicopático no siempre se consigue a la primera. Pero recuerda que al reiniciar no habrá segundas partes distintas, todo es volver a repetir el círculo, es decir, el calvario. Ya sabes que la condición del PNI es irreversible, por lo tanto, siempre utilizará contigo las formas de maltrato psicológico, y las máscaras y misma actuación de gran persona ante los demás.

Acepta que lo que has vivido no exisitió nunca de la manera en que lo creíste, lo que sucedió es que conviviste con un personaje de ficción.

Narra por escrito lo que verdaderamente ha sucedido. No se trata de buscar venganza, pero tener a la mano ese catálogo de acciones de horror y agregar en él lo que con el paso del tiempo irá surgiendo en tu pensamiento y recuerdo de todo lo que el PNI llevó a cabo en tu vida, te mantendrá el tiempo necesario con los pies en la tierra. Estarás viviendo el proceso de tu recuperación. Los mecanismos de defensa saldrán a flote, por ello, al tener todo documentado y claro, los hechos no podrán ocultarse a través de los propios discursos mentales. Los acontecimientos permanecerán ahí, escritos de tu puño y letra para mantenerte a salvo.

Elige algo, un objeto que puedas traer contigo y que te recuerde que nunca más habrás de abrir la puerta a personalidades psicopáticas, la experiencia ha dejado huellas, y es lamentable la enseñanza por cómo fue, pero al final es aprendizaje, crecimiento, la fortaleza en tu interior estará vigente siempre. Igual que sucede en la vida de muchas personas, este trago amargo será un parteaguas para ti. Te aseguro que no te quedarás del lado oscuro. Ahora eres capaz de mirar la bondad y también su contraparte. Tus ojos y tu intuición tienen a partir de este momento la capacidad de reconocer lo bello y lo valioso de la vida, del ser humano, pero también estás dotada del poder de la autoprotección y podrás usarlo sin dudar, cuando sea necesario.

Ya no habrás nunca de apegarte a nadie pasando por alto tus propios estándares de vida. Ahora sabes qué es lo que quieres y buscas en una persona, y eso representa para ti un requisito primario. Ni la amnesia perversa ni la disonancia cognitiva te volverán a hacer trampa.

Estarás a salvo

Es imprescindible romper el lazo con el narcisista. Una vez que has tomado la decisión de alejarte has dado un paso importante, estarás a salvo y no estás sola. Ahora mismo hay cientos de grupos trabajando con víctimas, terapeutas especializados en este tipo de trauma y secuelas que los PNI van dejando a su paso.

Las situaciones recurrentes de alto contenido emocional como lo son las relaciones psicopáticas dejan lo que se llama resaca emocional. Todo lo que sientas es normal, estás abatida, has dado un paso al frente para salir de una guerra. Una guerra a la que te introdujeron con engaños. Estarás a salvo. Saber todo lo que ahora sabes te mantiene viva.

Después del primer paso como el que ya has dado, lo que sigue es determinante. Al principio será normal tu percepción de que el miedo y la incertidumbre lo acaparan todo, el ambiente, tus pensamientos, tus palabras, pero no permitas que modelen tus acciones. Dar un paso atrás puede ser mortal. Frente a ti siempre estará el camino de regreso, eso es inevitable, pero cuidado, ya que el PNI mientras te sepa indecisa hará todo lo que esté a su alcance para recuperarte. Mantén impecable el contacto cero. Cierra todas las veces que sean necesarias uno a uno los canales de posible comunicación, todos, todos, todos. Dar un paso atrás implicaría una caída mortal hacia la zona más oscura.

En esta etapa, insistiré en el tema, es de gran utilidad que sigas escribiendo y, de ser posible, que lo hagas por el resto de tus días, ya verás que el tono y la temática de tus escritos darán un giro en algún momento, quizá hasta te descubras poeta o cuentista, uno nunca sabe de los talentos que surgen después de las tormentas. Por lo pronto continúa, la lista de los horrores que viviste junto al PNI, seguirá en aumento. La razón principal de que esto suceda es que a medida que pasa el tiempo tu visión y percepción de lo que viviste se irá afinando, poco a poco los eventos pasados se van aclarando, y esto es un signo de avance en el proceso. Habrá momentos en que leer tu listado seguirá siendo de gran ayuda.

- Ve agregando por escrito los motivos por los que has decidido cortar la relación.
- Escribe también la forma como te trató en las peores circunstancias y lee esta lista cuando sientas que tu voluntad flaquea.
- Haz un retrato escrito del PNI, tú lo conoces mejor que nadie, plasma quién es, escribe los detalles de su verdadera esencia.
- Documenta cómo va menguando el dolor poco a poco, así como los buenos momentos y beneficios de tu nueva vida.

Después de lo que has pasado, en tu mente y cuerpo continúa latente la creencia de que no podrás sobrevivir sin el PNI. La sensación seguirá todavía presente a lo largo de unos meses, similar a los estragos de una adicción. La ansiedad de no escucharlo, ni verlo, funciona en ti de la misma manera que un síntoma de abstinencia. A tu mente vendrán todos los recuerdos dorados, los momentos inigualables que él maquinó para tender sus redes. Pensar en aquello que tú y yo sabemos que no existió, sino que era una representación teatral, podría hacer que dudes de tu decisión. Quizá muchas veces lo has hecho antes: dar un paso atrás, caer para entrar de nuevo en ese ciclo interminable. Pero esta vez lo puedes lograr.

Mantener distancia con el PNI y el foco en ti, irá esclareciendo la ruta que poco a poco será ascendente, irás avanzando a paso seguro del malestar al bienestar.

La lista de vivencias, el retrato escrito y los relatos de terror no los guardes todavía, mantenlos por un tiempo a la vista, en la pantalla de tu móvil u ordenador, o en cualquier lugar para que puedas acceder a ellos cada vez que sea necesario. Tu necesidad de leerlos irá disminuyendo de manera natural a su propio ritmo.

Poco a poco, en tu vida, el PNI irá pasando a un segundo plano.

Por fortuna, frente a ti, también está el camino hacia la libertad, durante el trayecto irás tomando el oxígeno que te hacía falta. La sensación de lanzarte a un vacío puede ser recurrente pero habrás de dominarla, es así porque el PNI se encargó de hacerte creer en los supuestos peligros que existen allá afuera, lejos de su alcance. ¿Cuántas veces te dijo que sin él no podrías tal o cual cosa, que sin él no sobrevivirías por mucho tiempo? A un PNI no le conviene que sus víctimas piensen por sí mismas, ni que despierten de la pesadilla, por ello debe mantenerlas aterrorizadas.

Avanzarás, es cierto, hacia lo desconocido, pero confía. Es el camino que te permitirá emprender el vuelo. Abre tus alas. La vida, tu vida, te pertenece.

Ya no necesitas agradar al depredador, lo has botado y ha sido la mejor decisión. El sentido de aprobación se irá unificando en tu interior, ahora eres tú quien se valora a sí misma. Ahora conoces tus reacciones, tus necesidades y trabajas a por ellas. En el momento preciso en el que alguien te adule de manera ficticia, con mente clara podrás reconocerlo. Ya nadie podrá sacarte de balance, ni hacer que pierdas el equilibrio.

Una vez que has despertado es importante mantenerte viva, despierta, tranquila y receptiva, para ello será de gran utilidad no perder de vista las preguntas que te formulo más adelante. A través de ellas el equilibrio llegará a tu vida. Sabrás qué quieres y qué no. Dedica tiempo de calidad para responderlas, dialoga contigo y reflexiona en las ideas que vienen a tu mente, no temas reconocer lo que sientes y piensas; abrir la puerta a tus ideas es la mejor manera de identificar creencias y patrones para someterlos al crecimiento interior y cambio que deseas.

Escribe hojas completas con cada pregunta, date el permiso de narrar para ti, pero no corras prisa en contestar. Es un trabajo un tanto doloroso. Piensa que se trata de pequeñas curaciones que requieren del cuidado que tendrías ante una herida física a la que no hay manera de acelerarle el proceso de sanación.

Lo que salga servirá para limpiar, replantear, desechar, edificar y todo lo que consideres necesario, pero, sobre todo, lo que escribas requiere de tu oído, de una amorosa escucha de ti para ti.

Preguntas al pasado inmediato de la relación psicopática	Pauta y preguntas derivadas
¿Cómo eras tú antes de la relación?	¿Qué te hacía falta?, ¿cuáles carencias emocionales ahora sabes que tenías en ese entonces? ¿Cómo te definirías en pocas palabras?
¿Cómo era tu vida antes?	Describe tu pasado inmediato a la relación que ahora estás terminando. ¿De qué iba tu vida?, ¿qué emociones, sentimientos y pensamientos la embargaban? ¿A qué dedicabas tu tiempo?, ¿cuáles eran tus rutinas?
¿Cómo te divertías, en qué disfrutabas tu tiempo?	¿Quiénes eran tus amigos más cercanos? ¿Convivías con diversos grupos? ¿Qué sitios frecuentabas? ¿Tenías contacto con la naturaleza?
¿Tenías hobbies que en algún momento quedaron abandonados?	¿Cuáles han sido tus hobbies a lo largo de tu vida? ¿Hay alguno que perdure? ¿Cuál o cuáles restringiste sin darte cuenta durante la relación psicopática?
¿Cómo era tu manera de hablar, reír, abrazar, bailar...?	¿Qué tan expresiva eras respecto a tus emociones y estados de ánimo? ¿Cómo era tu contacto con la música? ¿Te gustaba bailar y lo hacías?

210 • PERFIL DEL PSICÓPATA NARCISISTA INTEGRADO

Preguntas acerca de cómo eras durante la relación psicopática	Pauta y preguntas derivadas
Cuando todo comenzó ¿cómo pensabas que sería tu vida?	¿Qué vislumbraste? ¿Qué anhelo se despertó en ti?
¿Y cómo fue en realidad?	¿Qué te desilusionó? ¿Qué sueño se hizo añicos?
¿Cómo eras tú durante la relación?	¿Qué te hizo falta?, ¿cuáles carencias emocionales se detonaron? ¿Cómo te definirías en pocas palabras?
¿Cómo fue tu vida durante la relación?	Describe tu circunstancia durante la relación que ahora estás terminando. ¿De qué fue compuesta tu vida?, ¿qué emociones, sentimientos y pensamientos la embargaron? ¿A qué dedicaste tu tiempo?, ¿cuáles fueron tus rutinas?
¿Cómo te divertiste, en qué disfrutaste tu tiempo?	¿Quiénes fueron tus amigos más cercanos? ¿Conviviste con diversos grupos? ¿Qué sitios frecuentaste? ¿Tuviste contacto con la naturaleza?
¿Mantuviste tus hobbies o en algún momento quedaron abandonados?	¿Adquiriste algún nuevo hobbie? ¿Hay alguno que perdure? ¿Cuál o cuáles restringiste sin darte cuenta durante la relación psicopática?
¿Cómo fue tu manera de hablar, reír, abrazar, bailar…?	¿Qué tan expresiva fuiste respecto a tus emociones y estados de ánimo? ¿Cómo fue tu contacto con la música? ¿Te gusta bailar y lo hacías?

Preguntas dirigidas al presente	Respuestas abiertas e ilimitadas
¿Cómo es la vida hoy?	
¿Qué cosas han cambiado?	
¿Qué desearías recuperar?	
¿Qué te hace bien hoy?	
¿Qué te hace falta?	
¿Por qué cosas puedes estar agradecida hoy?	
¿Te sientes feliz?	
¿Tienes una sensación de libertad?	
¿Qué te brinda energía?	
¿Qué te la quita?	
¿Qué heridas emocionales quedan?	
¿Con cuáles herramientas personales cuentas?	
¿Cuáles herramientas son nuevas?	
¿Cómo es tu estado de salud física?	
¿Dedicas tiempo suficiente al descanso?	

A grandes rasgos, ¿cómo quisieras que fuera tu futuro?	
¿Cómo te definirías hoy en pocas palabras?	
¿Estás dispuesta hoy a amarte o a seguir por el camino de la propia destrucción?	

Locus de control

Me gustaría saber que has pasado semanas o incluso meses trabajando en las preguntas de los capítulos anteriores. Me encantaría saber que en tu corazón hay paz y cada vez más seguridad y alegría. Habrás buceado en tu interior días y noches, tomando poco a poco el control de tu tiempo, pensamientos y emociones. La recuperación va sucediendo como resultado de un trabajo constante y amoroso para contigo misma.

El término locus de control en el ámbito de la psicología fue presentado por Julian Rotter en 1966 a través de su teoría del aprendizaje, y hace referencia a la percepción subjetiva que tiene una persona sobre la causa de los acontecimientos que le ocurren, independientemente de si se trata de un evento simple y cotidiano o algo de mayor impacto o riesgo.

Existen dos tipos: locus de control interno y locus de control externo, y lo interesante del tema es que el grado de control que percibimos influye en el modo de comportarnos y adaptarnos con el entorno.

El locus interno es la creencia acerca del poder de las propias habilidades para controlar y conducir los acontecimientos de la vida, sobre todo los más importantes, es decir, aquellos derivados de nuestras acciones y decisiones. El locus interno es una visión activa de la propia vida.

Por su parte, en el locus de control externo la creencia subjetiva acerca de los acontecimientos es que no hay control ni posibilidad de cambio sobre ellos porque la persona los ubica totalmente como responsabilidad de factores externos. El locus externo es una visión pasiva de la propia vida.

Cuando se ha vivido una experiencia psicopática es normal que el locus de control se afecte impactando directamente en la autoestima. Durante el tiempo que estuviste inmersa en la burbuja psicopática sucedieron muchos eventos amenazantes, de cierta manera experimentaste una vida incontrolable ya que el PNI lo dirigía todo. Sin darte cuenta ni cómo, fuiste cediendo el control de tu vida y tus pensamientos a una persona que buscaba eso para lograr un fin: depredar.

Gracias a ti y a todo lo que en este tiempo has trabajado estamos hoy hablando del pasado, de lo que ya pasó, y que no permitirás que siga sucediendo ni vuelva a suceder. Así que ha llegado el momento de tomar el control para estar a cargo de ti.

En tu interior surge una necesidad especial y llena de vida, deseas volver a ser independiente y responsable de tu cuidado. Percibes de manera consciente de nuevo tus habilidades y capacidades. Siempre podrás volver a estas páginas para releer cuando te sientas confundida o llena de preguntas, por lo que en esta, la parte final de este libro deseo compartir contigo las etapas del duelo psicopático.

La psiquiatra Elisabeth Kübbler-Ross creo la magistral teoría del proceso de duelo, conocida mundialmente, que consta de 5 fases (negación, ira, negociación, depresión y aceptación) y que ha ayudado a millones de personas a recuperarse tras la muerte de un ser querido.

El ciclo de recuperación del abuso psicopático es también un duelo, hemos perdido a un ser querido pero además, estamos enfrentando la cruda verdad de una estafa emocional, por lo que el proceso psicológico de adaptación pasará por siete etapas, en las que la voluntad y el pensamiento racional desempeñan un papel muy importante.

En el duelo por muerte la persona está lidiando con fuerzas naturales de la condición humana, la muerte es inevitable. En el duelo por estafa emocional las circunstancias cambian radicalmente, la persona estuvo inmersa en una situación de abuso psicopático por manipulación de alguien más.

Las siete fases para la recuperación del abuso psicopático

Fase	Integración
Comprendo:	El concepto de psicópata narcisista integrado, sus características y estrategias. El ciclo narcisista e identifico claramente sus etapas. La dependencia emocional y la causas que la detonaron.
Acepto:	Que existe un problema por resolver. Que mi relación de pareja no está bien como está. Que si deseo un cambio en la situación debo dar el primer paso.
Valoro:	Mi vulnerabilidad. La certeza de merecimiento. Mis límites personales. El respeto a mí misma. La recuperación de mi autoestima.

Suelto:	La dependencia emocional. La necesidad de aprobación externa. La ansiedad y el miedo interior.
Elijo:	La vida. La creatividad. La salud física y emocional.
Actúo:	Pido ayuda. Cuido de mí. Pongo contacto cero con lo que sea necesario. Doy mayor peso a mis ideas, pensamientos y capacidades.
Avanzo:	Por la libertad. Por el aprendizaje de valor. Por el conocimiento sustentado. Por la divulgación y ayuda hacia otros. Para superar mis propios límites.

De nuevo en el camino

Poco a poco vuelves a ser la persona segura, capaz de acoger los pequeños y grandes triunfos y gestionar los pequeños y grandes fracasos o errores.

Ahora disfrutas en plenitud momentos cotidianos, una taza de café animándote a tomarla en alguno de tus lugares favoritos, el tiempo dedicado a la lectura de un buen libro, caminatas al aire libre para disfrutar del ambiente y panorama, estar en casa. Las nuevas experiencias te mantienen lejos de toda dependencia, incluso te llevan un poco más allá de tu zona de confort. Visitas un museo, asistes a un concierto, das un paseo por tu ciudad, haces un recorrido en bicicleta...

Poco a poco vas haciendo a un lado los prejuicios que te acompañaban.

Quizá hasta estés planeando un viaje solo contigo, sin duda una de las experiencias de independencia más gratificantes. La autonomía la disfrutarás sin condición de la lejanía o el lugar, te encuentras disfrutando cada detalle como el hecho de elegir un destino y todos los preparativos necesarios

Hoy caminas de nuevo feliz sobre tus propios pasos.

Vuelves a ser.

Eres.

Tu locus de control interno se va fortaleciendo, por lo que actúas cada vez con mayor conciencia de tu bienestar, salud y sana relación contigo y con los demás. Vas optando por erradicar los hábitos y costumbres que te perjudican y vas conectando con las emociones y pensamientos que te ayudan a crecer en todos los ámbitos de tu vida.

Hoy puedes decir con claridad: *estuve atrapada en una relación en la que no era feliz*, y puedes expresarlo sin rabia ni ira constante, ni tristeza ni dolor paralizante, al contrario, ahora las emociones que surgen son bienvenidas y aceptadas, llegan y se van de manera sana y natural.

Vives cada momento en su momento. Has superado la dependencia emocional y el rompecabezas se va acomodando. Te sientes bien en el espacio del no juicio, donde las personas y los hechos hablan por sí mismos. Nunca olvidarás que estar abiertos no es alineación; al conocer a alguien, no volverás a comprar a la primera, la idea de que es encantador o un ser aborrecible. Hoy sabes que la vida es un regalo y la tuya está en tus manos.

Agradecimientos

A mis hijas Ana Paula, María Fernanda y Camila, gracias por existir, su presencia y amor incondicional ilumina todos los espacios de mi vida.

A Martha y Eduardo, mi hermana de sangre y hermano de corazón, y a todos sus hijos, gracias por siempre estar.

A Edith, Karina, Nelly, Marneen y Miriam, gracias por los años de amistad incondicional y por ser las amigas que siempre quiero tener.

A Nicole, Lucy y Chelo porque la amistad, la escritura y los proyectos que nos unen sigan en aumento. Gracias por todo lo que representan para mí.

A todos mis colegas, alumnos y pacientes, gracias a unos y otros por permitirme acompañar sus proyectos creativos y procesos de sanación emocional.

A Larisa, mi editora, gracias infinitas por recibirme como nadie, tu delicadeza, respeto y minuciosa atención hicieron que en Ediciones Urano, este texto y yo, nos supiéramos desde el primer momento en casa.

Bibliografía

Abrams J. & Zweig C. (1991) *Meeting the shadow: hidden power of the dark side human nature*. USA: Jeremy P. Tarcher, Inc.

Ackerman, R. A., Witt, E. A., Donnellan, M. B., Trzesniewski, K. H., Robins, R. W., & Kashy, D. A. (2011). *What Does the Narcissistic Personality Inventory Really Measure?* https://doi.org/10.1177/1073191110382845

Antoni, M. y Zentner, J. (2014). *Las cuatro emociones básicas*. Barcelona: Herder Editorial.

Bejar, H.(1993). *La cultura del yo*. Madrid: Alianza Editorial.

Blázquez M. & Moreno J. M. (2008) *Maltrato psicológico en la pareja: Prevención y educación emocional*. Madrid: EOS.

Bouchoux J. Ch. (2009) *Los perversos narcisistas*. Barcelona: Arpa Editores.

Caballo, V. (2004). *Manual de trastornos de la personalidad: descripción, evaluación y tratamiento*. Madrid: Síntesis.

Cleckley H. M. (1988) *La máscara de la cordura*. Los Angeles, California: Impresión privada para uso educativo sin fines de lucro.

Ekman P. (2003) *El rostro de las emociones*. Barcelona: RBA.

Freud S. (1914) *Introducción al narcisismo*. Obras completas. Argentina: Amorrortu.

Fromm E. (1941) *El miedo a la libertad*. Buenos Aires: Paidós.

Fromm E. (1972) *Anatomía de la destructividad humana*. Madrid: Siglo XXI.

García, J.M., Cortes, J.F. (1998). *La medición empírica del narcisismo*. Oviedo: Psicothema.

Garrido, V. J. (2004) *Cara a cara con el psicópata*. Barcelona: Ariel.

Hare R. D. (1993) *Without conscience*. New York: The Guilford Press.

Hare, R. D. (1998). *The Hare PCL-R: Some issues concerning its use and misuse*. Legal and Criminological Psychology.

Hellinger B. (2001) *Órdenes del amor*. Barcelona: Herder Editorial.

Jung C. G. Obras completa. Fundacón C. G. Jung (2006) *La práctica de la psicoterapia. Contribuciones al problema de la psicoterapia y a la psicología de la transferencia*. Madrid: Editorial Trotta.

Kernberg O. (1979) *Desórdenes fronterizos y narcisismo patológico*. Barcelona: Paidós.

Kernberg, O. (2005). *Agresividad, narcisismo y autodestrucción en la relación psicoterapéutica*. México: Ed. Manual Moderno.

Kohut H. (1971) *Análisis del self: el tratamiento psicoanalítico de los trastornos narcisistas de la personalidad*. Buenos Aires: Amorrortu.

Kübler-Ross E. & Kessler D. (2006) *Sobre el duelo y el dolor*. Barcelona: Ediciones Luciérnaga.

Lowen, A. (2000). *El narcisismo: la enfermedad de nuestro tiempo*. Barcelona: Paidós Ibérica.

Machado D. (2021) *La personalidad psicopática en niños y sus posibles implicaciones*. Sao Paulo: Editora Dialéctica.

Ostrosky F. (2007) *Mentes asesinas, la violencia en tu cerebro*. México: Quinto Sol.

Pozueco J.M. (2009) *Psicópatas integrados, perfil psicológico y personalidad.* Madrid: EOS.

Rubi, Rosana. (2020). *Heridas psíquicas, Jung y el narcisismo. Jungiano,* 38 (1), 41-56. Recuperado el 25 de enero de 2023, de http://pepsic.bvsalud.org/scielo.php?script=sci_arttext&pid=S0103-08252020000100003&lng=pt&tlng=.

Serra, J. (2015) *Diagnóstico del narcisismo: una lectura relacional.* Chile: Universidad de las Américas.